U0029774

《保障險配置母表》

讓你掌握全貌，精準買對又買夠（詳見第一章第四節）

類別	核心/補強	險種	保障舉例	給付方式	保額舉例（保障缺口）	性別	25歲	35歲	45歲	50歲
身故類	核心	終身壽險	繳費20年 消耗型主約	一次給付、契約結束	100萬	男	28,600	36,100	44,500	48,000
						女	24,600	31,300	38,500	42,700
		定期壽險	消耗型20年附約	一次給付、契約結束	100萬	男	2,000	3,900	8,200	12,200
						女	1,000	2,000	4,300	6,600
	補強	意外險 投資型壽險			（見下面長照類核心） （運用方式較特別，不納入此處規劃，參閱附錄三）					
醫療類	核心	住院醫療險二擇一型	1年期附約，保證續保79歲	實支實付或日額	每日病房費2,000元／醫療雜費40萬／手術費10萬；或日額2,000元	男	3,500	3,500	4,400	8,300
						女	4,500	4,500	4,800	6,600
		意外醫療險二合一型	1年期附約	實支實付＋日額	實支實付限額10萬／日額2,000元	男	職業一類1,500、二類1,800、三類2,200、五類3,300、六類6,600			
						女	職業一類1,700、二類2,100、三類3,300、六類5,200			
		重疾／特傷險	1年期附約，保證續保74歲	一次給付、契約結束	100萬	男	1,700	3,900	9,200	13,500
						女	2,100	3,800	8,000	10,400
		癌症險	1年期附約，保證續保75歲	一次給付、契約結束	100萬	男	800	3,000	8,900	13,700
						女	1,200	4,500	12,000	15,800
				分項給付*3個單位	癌症住院醫療保險金每日1,000元的計劃*3個單位	男	600	1,800	5,100	7,800
						女	600	2,100	5,700	7,500
	補強	住院醫療險日額型	1年期附約，保證續保79歲	日額	日額2,000元	男	3,400	4,000	4,900	5,500
						女	3,400	4,000	4,900	5,500
		意外醫療險日額型	1年期附約	日額	日額2,000元	男	職業一類1,500、二類1,800、三類2,200、五類3,300、六類6,700			
						女	職業一類1,100、二類1,300、三類3,300、六類5,200			
		手術險	1,455項手術1年期附約，保證續保到74歲	保額*（1～80倍）	1000元	男	900	1,100	1,600	1,900
						女	1,100	1,300	1,300	1,600
		骨折險	附加條款	保額*骨折給付%	10萬	男	職業一類800、二類1,000、五類1,800、六類2,700			
						女	職業一類1,800、二類2,700、六類3,500			
長照類	核心	意外險	1年期附約	依失能比例一次給付、契約結束	身故／1級失能1,000萬	男	職業一類14,000、二類17,000、三類21,000、六類63,000			
						女	職業四類31,000、五類49,000、六類63,000			
		失能險	1年期附約		1級失能500萬	男	職業一類2,650、二類2,800、三類2,900			

長照類						女	壹類 3,500	貳類 4,100	陸類 4,700	
		長照險	繳費20年消耗型終身主約；最高給付50年	分期為主、一次為輔	月領5萬	男	20,500	26,500	34,000	40,000
						女	36,000	46,000	58,000	66,500
	補強	類長照—失能扶助險	1年期附約，保證續保至身故；保證給付120～180個月	分期為主、一次為輔	月領5萬	男	2,200	4,000	7,000	9,500
						女	900	1,400	3,000	4,800
		類長照—特傷險	1年期附約，31項傷病、保證給付10次；保證續保到75歲	分期為主、一次為輔	月領5萬	男	7,000	20,000	52,500	77,000
						女	7,500	15,500	39,000	55,000
年繳保費（元）—職業一類 （職業二至六類的年繳保費，請參表內金額自行調整）			身故類小計	核心		男	30,600	40,000	52,700	60,200
						女	25,600	33,300	42,800	49,300
				補強		男	~	~	~	~
						女	~	~	~	~
				小計		男	30,600	40,000	52,700	60,200
						女	25,600	33,300	42,800	49,300
			醫療類小計	核心		男	5,000	5,000	5,900	9,800
						女	6,000	6,000	6,300	8,100
				補強		男	9,700	16,100	32,000	44,700
						女	10,700	18,000	34,200	43,100
				小計		男	14,700	21,100	37,900	54,500
						女	16,700	24,000	40,500	51,200
			長照類小計	核心		男	37,150	43,150	50,650	56,650
						女	52,650	62,650	74,650	83,150
				補強		男	9,200	24,000	59,500	86,500
						女	8,400	16,900	42,000	59,800
				小計		男	46,350	67,150	110,150	143,150
						女	61,050	79,550	116,650	142,950
			保障險三類總計	核心		男	72,750	88,150	109,250	126,650
						女	84,250	101,950	123,750	140,550
				補強		男	18,900	40,100	91,500	131,200
						女	19,100	34,900	76,200	102,900
				總計		男	91,650	128,250	200,750	257,850
						女	103,350	136,850	199,950	243,450

註：本表原始資料取自保險事業發展中心—商品資料庫的特定保單，表內之保費乃作者換算並取整數而得，僅供概略參考，實際投保應以各保險公司核保為準。

宋炎本 / 著

心安理財

保險準，投資穩

一本讓你兼顧圓夢和救急的人生理財書

僅以本書獻給我生命中的恩人

我摯愛不渝的妻兒；
生我育我的先父、先母；
教我護我的先岳父、先岳母；
陪我長大的兄姐；

救我大病不死的鄭尊義、程宗彥良醫，
和辛苦的護理人員；
照顧並教導我重生的楊定一、孫安迪、
韓柏檉、江守山等醫學及毒物專家，
還有他們周邊的同仁；

一路愛護支持我的師長、同學、親友、
客戶、同事、商業夥伴。

目錄

推薦序

1 組保險、2 筆投資，過個有錢有命的美好人生　陳善忠　008

有方法、有依據、有步驟的人生理財地圖　　　邱正弘　010

一位金融老兵的理財與保險經驗談　　　　　　魏寶生　012

自序 & 參考書目

理財和養生的崎嶇路，我坎坷走過，你可以走得更輕鬆！　013

導讀

本書是從單身到退休，逐一圓夢的投資和保險心安規劃　018

第一部 心安理財的手法：保險準，投資穩　022

第一章 保險準：保障險，要精準買對又買夠　024

第一節 九個基本的保險觀念　026

第二節 死掉、沒死掉、死不掉，怎麼辦？

三大類保障險來救你！　033

第三節 多少保額才算買夠？　052

第四節 保障險「配置母表」讓你掌握全貌，

精準買對又買夠　058

第二章 保險更準：理財險，儲蓄投資、還本領息　061

第一節 什麼是理財險？　062

第二節 低利率時代的壽險型儲蓄險「重儲蓄、輕保障」　065

第三節 低利率時代的利變年金型儲蓄險
「重滾存、輕年金」　077

第四節 投資型（變額）年金到底是投資，還是年金？　084

第三章 投資穩：穩健投資第一、二法；分批進出逢低長抱　092

第一節 你有沒有這三筆錢：保命錢、投資錢、投機錢？　093

第二節 穩健投資第一法：定時定額　097

第三節 穩健投資第二法：心安單筆　101

第四章 投資更穩：穩健投資第三、四法；整合投資和保險　105

第一節 穩健投資第三法：用理財險保全投資錢的戰果　106

第二節 穩健投資第四法：用理財險打地基、
投資錢起高樓　108

第三節 保障險和投資錢也可互補整合　112

第二部 踏上心安理財的旅途：從單身到退休，逐一圓夢　116

第五章 出發：1組保險、2筆投資；人人必做，尤其單身　121

第一節 保險準：做好「1組保險」，度過這輩子的無常　123

第二節 投資穩：今天做好「2筆投資」，就不怕老後沒錢　137

目錄

第三節 出發：各年齡層的 1 組保險和 2 筆投資總結　　142

第六章 退休：快樂終老　　145

第一節 投資穩：自製「心安」退休年金，
　　　在年金改革動盪中自保　　146

第二節 保險準：進一步強化老後的醫療 / 長照保障　　155

第三節 善用「信託」照顧自己，心安老去　　157

第七章 成家：溫馨的兩人世界　　159

第一節 投資穩：成家前，準備成家基金　　160

第二節 保險準：成家後，優先重估身故保額，
　　　再斟酌拉高醫療 / 長照保障　　162

第八章 生子：養兒育女樂天倫　　165

第一節 投資穩：生子前，準備生子基金；
　　　生子後，準備高等教育基金　　167

第二節 保險準：生子後，大幅提高身故保額，
　　　並增加醫療 / 長照保障　　171

第三節 幫小孩買保險？　　174

第四節 善用「保險金信託」，保障弱勢子女　　176

第九章 買房：築個窩　　178

第一節 投資穩：買房前，準備買房基金　　180

第二節 保險準：若有房貸，必買房貸壽險　　182

第十章 海外旅行：翱遊四海 · 187

第一節 投資穩：海外大旅行前，準備旅遊基金 · 188

第二節 保險準：海外出遊前，買好旅行平安險之
「心安旅遊套餐」 · 190

第十一章 買車：我的移動城堡 · 197

第一節 投資穩：買車前，準備買車基金 · 198

第二節 保險準：買車後，任意第三人責任險之
「心安開 / 騎車套餐」不可少 · 199

附錄

附錄一：身故、醫療、長照類各險種大補帖 · 210

附錄二：「穩健投資四法」的更多例子 · 242

附錄三～五，請至右方連結下載電子檔

附錄三：投資型（變額、變額萬能）壽險到
底是投資，還是壽險？

附錄四：變額萬能壽險之保費和費用的觀念

附錄五：IRR 的觀念拆解與計算

https://reurl.cc/W4vkWk

＊圖片來源：123RF（http://tw.123rf.com）

推薦序

1 組保險、2 筆投資，
過個有錢有命的美好人生

陳善忠

　　近年國際社會動盪，黑天鵝滿天飛，學理難測，導致投資理財的挑戰愈來愈高。很高興知道炎本兄要用他三十多年「過來人」的體驗，出版橫跨投資、保險、健康三大領域的書。這不但是一般大眾的福音，更有機會為國內財富管理業務，開啟一條客戶和業者雙贏的坦途。

　　我帶領過本行的財富管理業務多年，總是力求站在客戶立場，提供適當產品去滿足客戶形形色色的理財需求。我當時就深深覺得，若能有一套完整的架構，把基金、保險這些複雜而零散的產品整合起來，應會更有效率。如今看到這本書，可說恰恰把我當年心中的藍圖具體化了！書中的「1 組保險、2 筆投資」、保障險「母表」、穩健投資四法、投資和保險的整合等等，不但有方法，更設想各種情境，舉了許多例子解說。相信可以大幅拉近客戶與財富管理業者的距離，增進彼此了解。消極面可減少糾紛，積極面更可兼顧客戶需求和業者利益，提升財富管理的綜效。

　　年輕人應該看這本書。時下不少年輕人低薪鬱悶，本書可激勵年輕人，讓他們看得到未來。就算月薪 22K，只要遵循本書的理財方法，也有機會靠保險對抗風險，靠投資實現夢想，並在退休時有錢安度晚年。

退休族更應好好讀這本書。退休前，怎麼準備一大筆退休金？更精彩的是，退休後，又如何自製每個月至少領 3~6 萬的退休年金？

追夢族也要讀這本書。本書談的不是幾千、幾萬元就可滿足的小確幸，而是幾十、百萬、甚至上千萬的大夢想。像成家、生子、買房、出國大旅行、買車等。書中針對每一個夢想，都舉例說明可做什麼投資和保險，每個月又會因而支出多少錢等等。了解這些，你就會充滿動力，務實選擇你這一生想要、而且可以實現的夢想。

想要健康的人，這本書的健康別冊會很有用。大家都知道健康比財富重要，但若不是像炎本兄這樣，曾在投資行業打滾，卻在順手時大病一場，瞬間把人生從高峰推落谷底的話，這些大道理大概就只是耳邊風吧？因為失去過，所以他就更珍惜健康。四處請教、學習養生，努力實踐後，再把凌亂的健康資訊彙整成簡單易行的方法。更難得的是，他用「心安」貫穿理財和健康。若非生死關前走一遭，嚐過極度不安滋味的過來人，大概很難有這般體會吧！

這裡所談保險、投資和養生的具體做法，背後都有理論和實務的支持，絕非無憑無據的空論。我跟炎本兄相識二十多年，一直很敬佩他的專業和認真。如今看到他毫不藏私，把自己幾十年過來人的經驗，寫出來跟大眾分享，很榮幸能作序推薦，祝大家都能做好投資、保險和健康，過個有錢又有命的美好人生。

上海商業儲蓄銀行總經理　陳善忠

推薦序

有方法、有依據、有步驟的人生理財地圖

邱正弘

　　宋炎本先生是我的學長、是工作教學相長的夥伴、是直證生命的見證者、是值得尊敬的生命鬥士。

　　追求多的過程裏我們又失去了什麼？如何衡量您的人生找到一個可被依循的道路及實際的作法？炎本先生的這本書，是用真實生命的歷程來見證財富、健康和生命的意涵，是提出可被參考的真知卓見，更是歷經真實嚴格考驗的淬煉和洗滌，是如此珍貴的生命故事。

　　言之有物的擲地有聲之鉅作，累積多年理財規劃的實務經驗，深入淺出按部就班地從保險出發，論述如何買一個對、夠、好的保險商品，進而運用三錢（保命、投資、投機）的概念詮釋投資心法和方法，點出大多數人對金錢及投資理財不正確的看法，最後用健康為基礎，構架完整的「心安理財」，這是值得推薦的觀念和作法。

　　投資理財也像做學問，要有短、中、長期人生目標做指引，以免在無涯學海（投資理財領域）中迷失或跌跌撞撞。在過去2008年的全球金融海嘯至今的中美貿易大戰混亂多變的現狀中，若能持盈保泰且循序漸進的擁有正確理財的觀念、策略與行動方案是多麼重要。進入高齡化社會後，一個人將面臨數十年退休生活，依賴的應該是之前數十年有計畫、有方向的理財規劃，更為具體的行動方案，本書正是如此有方法、有依據、有步驟的執行手冊，導引為可

被落實的策略地圖。

　　有成就的人生，就是快樂的人生，健康的身體更是富裕終生的基礎，「心安理財」需要有錢有命做為元素，這些元素的分子正是投資、保險和健康。

　　能為炎本學長撰序推薦，並表達個人的看法，深感榮幸。衷心希望人們在 21 世紀之初，能深刻體認本書中倡言的「心安理財」重要觀念。健康快樂才是人生的目標。人生最有意義的是愜意自在之餘，能回饋社會、幫助別人，而不在於財富的多寡。我深信，大家跟我一樣，會發覺本書不僅提供讀者投資理財，同時讓讀者學會該如何經營健康快樂人生。

安睿宏觀理財規劃顧問股份有限公司總經理
Money 錢雜誌總經理　邱正弘

推薦序

一位金融老兵的理財與保險經驗談

魏寶生

　　宋炎本先生與我同為三十期預官，他是財務，我是政戰，一起在澎湖菜園朝夕相處一年半的寂寞歲月。我們每天一起三餐，每月他發薪餉給我。炎本幼時喪父，母親獨力撫養長大，國中起就當家教分擔家計，又有傲人的學歷台大化工與台大 MBA，令我佩服。

　　退伍之後，我們各奔東西，他在外商與國內的產業服務，一直都表現傑出。我則外派工作，直到民國 87 至 94 年間我在證券、保險主管機關任職，我們再度相遇，此時炎本已轉戰證券投信與投顧業多年且享譽盛名。我不時向炎本請教證券金融與保險實務經驗，做為研擬開放境外基金、引進外國專業投資機構與投資型保單等新種業務的參考依據。在我心中，炎本一直是一位聰明、冷靜、專業、穩重，深具自信，且樂於助人的好友。

　　最近幾年彼此疏於連絡，直到前年驚聞炎本大病一場，好在及時處理而康復。歷經生死交關後感觸甚深，回想從年輕努力學業、打拼事業，長期忽略了正常作息、飲食健康與保養，但卻幸運的發現症狀及時治療，又獲保險完整快速的理賠。感恩之餘，也就興起了以一位消費者與金融老兵的立場，分享他大病後，養身、理財與善用保險的實際經驗，盼能讓大眾更重視健康與理財保險。在炎本兄盛情邀請下，本人很榮幸為其大作序文，順祝大家安康、快樂！

凱基銀行董事長，前保險司長／保險局長　魏寶生

自序

理財和養生的崎嶇路，我坎坷走過，你可以走得更輕鬆！

我是投資、保險、健康的過來人、見證者、實踐者。當今社會不安、徬徨的情緒，我都經歷過。希望透過這兩本書，讓你我安定下來。

25~35歲的年輕人領著幾萬塊的月薪，力求溫飽。買房？生子？天方夜譚！不想了。出國、買車，有錢就花吧！只要我喜歡，有什麼不可以？看不到明天，就享受今天吧！反正錢花光了，再賺就有。殊不知，今天不播種，明天便無收成。滾石不生苔，到老後悔就來不及了。

35~55歲的青壯者，賺得多，花費也兇。工作若順手，就想多賺點錢，每天衝鋒陷陣，但回到家就累癱不想講話，不知不覺侵蝕了家庭關係。工作若不順，就都不想上班，只想逃離。午夜夢迴，總在現實和夢想的鴻溝中載浮載沉。到底是要委曲求全，為五斗米折腰，還是做自己，粗茶淡飯也甘心？50~60歲後，隨著退休逼近，體力漸差，耳朵聽著政府保險捉襟見肘的聳動報導，心裡想著幾百萬、幾千萬的退休數字，急迫、徬徨、恐慌的情緒油然而生。

理財路上，我是個白手起家的上班族。八歲喪父，國中畢業就開始當家教，靠自己的力量求學、工作、結婚、生子、然後努力賺錢養家。在養生的路上，我則是個失去健康後，不但完全康復，且精神體力更勝以往的幸運兒。鬼門關前走一遭，後悔當年犧牲健

康衝刺事業之餘，也更深刻體會到「沒有健康，理財無用」！透過這兩本書，我想跟你分享我在投資、保險和健康的一點點「過來人」經驗，提醒你要趁早做到「保險準，投資穩」，並在日常忙碌當中，抽些時間保養自己的心身。如此，你就不必像我這樣跌跌撞撞幾十年，而可走得更輕鬆、更心安。

在投資的世界裡，我是個「白手起家過四關」的過來人。求學時領的是清寒獎學金，進入職場後也只是一般的受薪上班族，靠著努力工作和投資，安然度過成家、買房、子女高等教育和退休等四大錢關。早年求學和在產業界奮鬥的初期，完全沒碰過投資，1980 年代的惡性通膨和 15% 的超高利率，我沒什麼感覺。民國 79 年台股首次上萬點、錢淹腳目，我也只知埋首工作，對股票完全冷感。當年我什麼投資都沒做，倒是看到賺錢的人天天魚翅鮑魚，也看到崩盤後的哀鴻遍野。我那時只是一點一滴存下薪水，靠著儲蓄存款結了婚，僥倖度過第一關。四十歲時一頭栽進共同基金業，開始認真鑽研投資，翻出 MBA 的投資學課本重讀，又考取「國際認證理財規劃顧問」證照，努力把理論落實到公司業務和自己的投資上。在經歷幾次大起大落的洗禮後，包括 2000 年科技泡沫、2003 年 SARS、2008 的金融風暴、2012 的歐債危機、民國 87、89 和 106~108 年本書截稿止的三次台股萬點、還有近年不可思議的超低利率等等，對於投資人的甘苦和金融市場的風險，更有了刻骨銘心的體認。我很幸運，在風雨交加的市場動盪中，隨著公司業務成長，真的靠認真工作的薪水和投資，又走過了後面三大錢關。

保險方面，我則是個「從無知到受益」的過來人。我不是保險的業者，而是個道地的消費者。起初，我跟多數人一樣，根本搞不

清楚自己保單的細節。先是二十幾歲時沒頭沒腦買過1年期癌症險；生子後又買了二十多年的保險，卻從沒搞懂過真正的內容；後因人情買了手術險，竟「不小心很快」得到理賠，深刻體會到保險救急的大用；把長期投資存下的小孩高等教育基金轉一些到儲蓄險，又認識到儲蓄險保全資產的功能。我受過保險理論的基本訓練，但並無保險從業實務經驗，然這樣反而讓我可十足客觀地，從消費者的立場來寫這本書。起初，我刻意避開業者的行銷資料，試圖從保險書刊及網路整理相關資訊，卻發現很多資訊互相矛盾、以偏概全或有特定立場。後來，我想應該從最原始的資料下手，下定決心開始讀保單，卻每個字都認識、每一句都不懂！於是就每天讀、慢慢讀，整理了幾百張保單，終於有些心得。所以，本書有關保險的產品資訊，多是我從保險事業發展中心產品資料庫中，逐字閱讀保單條款，分門別類、列表比較而得，若有謬誤，那應該是我缺乏實務經驗所致。

　　健康養生方面，我更是一個「從揮霍健康到大病重生」的過來人。大學離家外宿起就晨昏顛倒；就業後日夜打拼；結婚後下有幼子、上有老母，事業家庭兩頭燒。常常早餐不吃、午餐亂吃、晚餐大吃、宵夜再吃；睡眠和運動卻嚴重不足。這樣過了四十多年忙碌又揮霍健康的錯誤生活，雖顧全了學業、事業和家庭，也度過了四大錢關，身，卻從未真正舒坦過；心，也不曾真正安靜過。最後終於在毫無預警的情況下，得了惡疾。躺上手術台的那一刻，後悔自己對健康的怠惰，但是，已經來不及了…。幸好有鄭尊義、程宗彥兩位內外科良醫，把我從鬼門關前搶回來。術後又得到楊定一、孫安迪、江守山、韓柏檉等醫學養生專家的照顧和指導，努力學習

並實踐許多身心靈的健康知識，迄今不但體力精神更勝以往、對生命有了更深的體悟，同時也對健康在理財中扮演的角色，有了全新的認識。

我「不小心」成了投資、保險、健康的「過來人」，這真是老天最大的恩典！這些經歷帶給我最大的體會是，人生在世，求個「心安」而已！我不禁異想天開，覺得若能三合一寫成書，並說清楚它們之間的關係，也許可幫一些人在理財和養生的路上，少走些冤枉路？然投資、保險和健康的東西那麼多，十幾萬字怎麼可能說得清楚？而且，我真的懂那麼多嗎？繼而一想，我的初心只不過是想分享自己「過來人」的經驗而已，就寫寫自己的體驗吧。所以，我並沒有懂那麼多；但，我真的做了不少。大膽寫出來分享，希望大家都可心安。謝謝！

保險、投資、健康，是人生最重要的三張安全網。我花了四十多年坎坷走過，僥倖存活。你不必如此！希望你走得更輕鬆，心安理財、心安理得；有錢養命，更有命花錢！

參考書目

《一生三錢過四關》宋炎本，天下文化出版

《錢難賺，保險別亂買》朱國鳳、邱正弘，時報出版

《保險私房學》邱正弘，稚軒

《讓你的理財更保險》賴俊男，金融研訓院

《健康保險、勞保與職災實務》廖勇誠，鑫富樂文教事業

《聰明買對健康險》李雪雯，天下生活出版

《好險》李雪雯，高寶國際

《保險業務員不告訴你的 50 件事》李雪雯，大立文創企業

《投資型保險商品業務員訓練教材》保險事業發展中心

《投資型保單 60 個該懂的問題》李雪雯，巨思文化

《一生平安的保險規畫》吳鴻麟，商業周刊

《輕鬆保險規劃》早安財經

《這一生，至少要有一張保單》吳佳晉，平安文化

《我的第一次保險就買對》魏吉漳，台灣廣廈有聲圖書

《顛覆保險》吳民鈞，創見文化

《要買保險的 168 個理由》陳亦純，創見文化

《平民保險王》劉鳳和，文經出版社

《聰明買保險》劉鳳和，文經出版社

《小資保險王》劉鳳和，文經出版社

《怎樣買長照險》李柏泉，元神館

《關於長期照顧，三十、四十、五十歲最該關心的九件事》商業周刊

《當爸媽過了 65 歲》康哲偉，先覺出版

《提早退休 25 年》劉憶如，宏治國際

導讀

本書是從單身到退休，
逐一圓夢的投資和保險心安規劃

　　單身是每個人必經的階段。單身時做的投資和保險，是爾後理財的基礎。單身族，不怕死，怕死不掉！所以醫療和長照保險很重要；而且必須做好投資，手邊有錢不求人。其次，除非早逝，不然退休也是人人躲不掉。退休族，需要穩定現金流過日子、足夠的醫療和長照保障，更要善用信託，以免失智或失能，有錢也照顧不了自己。再來，我們或多或少都有些需花大錢的夢想，譬如成家、生子、海外旅行、買房、買車等。每個夢想前後都需存夠錢、保對險。你可量力而為選幾個夢想，然後多一個夢想，多做一組投資和保險，知足常樂。

　　上述就是本書的核心，在第二部有完整的具體規劃，讓你心安理財。首先，當你開始出發踏上理財的旅途時，不論你單身與否，每個人都須先用「1組保險、2筆投資」，護住自己這一輩子，這便是第五章的內容。第六章則談退休族最關心的三件事：退休年金、醫療／長照、信託。尤其是用 500 萬自製月領 3~6 萬的「心安」退休年金，相信很多讀者會有高度興趣。第七到十一章，就針對前述需花大錢的夢想逐一規劃。你將會知道圓夢前後，每月需花多少錢去做哪些投資和保險？多久後會有多少錢圓夢？看看是美夢成真還是白日夢。你只需讀你許願的那幾章即可。

心安理財的旅途

出發

1 組保險 +2 筆投資

圓夢
多一個夢想，多做
一組投資和保險

圓夢 圓夢 圓夢 圓夢 圓夢 圓夢

退休
自製退休年金
強化醫療 / 長照
善用信託

　　為了運用「保險準，投資穩」的手法，進行
上述第二部的心安規劃，我就在第一部先扼要介紹保
障險、理財險和穩健投資的必要知識。第一章用何時賠？
賠什麼？怎麼用？三個面向，精要說明複雜的身故、醫療
、長照等保障險。然後再把保單、保額、保費三個要件，濃縮到一
張「母表」收尾，讓你輕鬆從中選取資訊，初步做出適合你的保障
險配置，再跟保險顧問討論。第二章接著說明近年低利率環境下，
風起雲湧的儲蓄險、投資型保單等理財險；澄清一些似是而非的觀
念。第三、四章則介紹穩健投資。我在《一生三錢過四關》曾提出

保命錢、投資錢、投機錢三筆錢的概念，並廣泛說明相關操作方法和標的。本書則在此基礎上，提出「穩健投資四法」，聚焦在比較讓人「心安」的投資方法；並把保險也整合進來，形成 1+1>2 的資產配置。

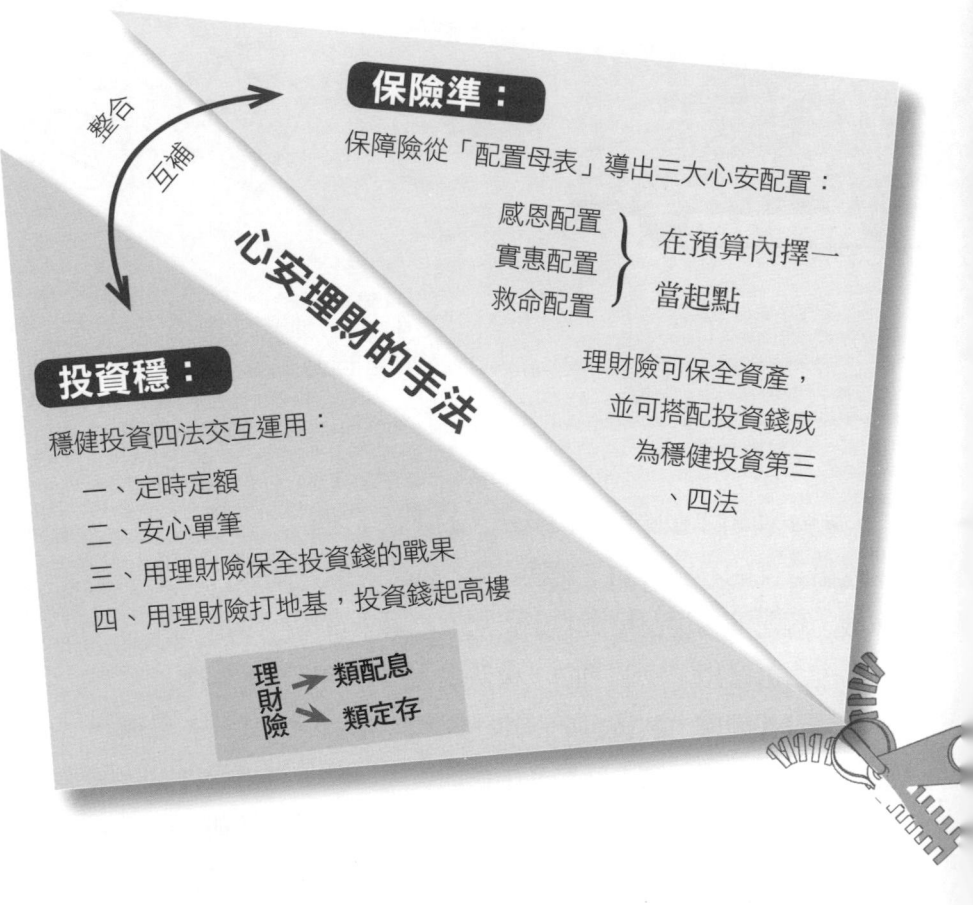

整合互補

心安理財的手法

保險準：

保障險從「配置母表」導出三大心安配置：

感恩配置
實惠配置 } 在預算內擇一
救命配置 } 當起點

理財險可保全資產，並可搭配投資錢成為穩健投資第三、四法

投資穩：

穩健投資四法交互運用：

一、定時定額
二、安心單筆
三、用理財險保全投資錢的戰果
四、用理財險打地基，投資錢起高樓

理財險 → 類配息
理財險 → 類定存

　　我雖已儘量提綱挈領，免得太雜太亂，但投資和保險的資訊真的很多，尤其免不了會有不少數字，建議你讀的時候，抓大觀念、大數字就好，太細的數字都只是輔助說明或供查閱之用，若看不下去也不必太在意，等遇到了再翻閱便可。

　　讀完本書後，你就會有信心跟理專、投資顧問和保險顧問對談；問得出切身的問題，聽得懂他們講的，也有能力評估他們提出的方案。

　　最後，為什麼書名會有《心安》二字？這其實是我深刻的體認。理財是個弔詭的行為，本來是想賺錢生活並實現夢想，求個心安；實際上卻常被理財過程的動盪搞得心煩意亂。我自己從 1997 年進入投信界，一直看到 2019 的今天，經歷過金融市場好幾次大起大落，那種虧大錢的煎熬和賺大錢的狂喜，真是刻骨銘心！所以，我總希望能有什麼「心安理財」的方法，讓理財的過程跟結果都可心安理得。心安定了，健康別冊分享的飲食、運動、排毒才會更有效果。回過頭來，健康了，賺錢才有意義啊！畢竟，心安健康，才是理財的初衷吧！

　　本書及健康別冊用「心安」把保險、投資和健康串連起來，希望你會喜歡。

　　祝，閱讀愉快！

第一部
心安理財的手法：
保險準，投資穩

　　理財是為了有錢安頓生活，求個心安，而若要避免理財的過程帶來不安，則保險不能亂買、投資更不能起伏太大。也就是說，在動盪的理財環境中，須做到「保險準，投資穩」，讓自己知道萬一逝病殘時，有多少保險來救急，並看得到何時可能會有多少錢去圓夢。如此理財，目標明確、過程清楚，便可心安！

　　第一部就是要說明「保險準，投資穩」的手法（見右頁附圖）。

　　所謂「保險準」：就是先保障險，後理財險。保障險從「配置母表」導出三大「心安配置」，你可在預算內擇一當做起點；理財險可保全資產，並可搭配投資錢成為穩健投資第三、四法。至於「投資穩」，運用的是穩健投資四法。

　　本書的理財不討論財產移轉、稅務等領域，只談投資、保障型保險和理財型保險。投資是用錢賺錢，希望在固定收入之外，能有更多的錢去實現成家、生子、買房、大旅行、買車等花大錢的夢

想，並度過退休的重大錢關。保障險則是希望在遭遇早逝、重病、重殘的時候，能有及時的大錢來救急。至於理財險，不但可保全資產，更可搭配投資錢，成為 1+1>2 的資產配置。

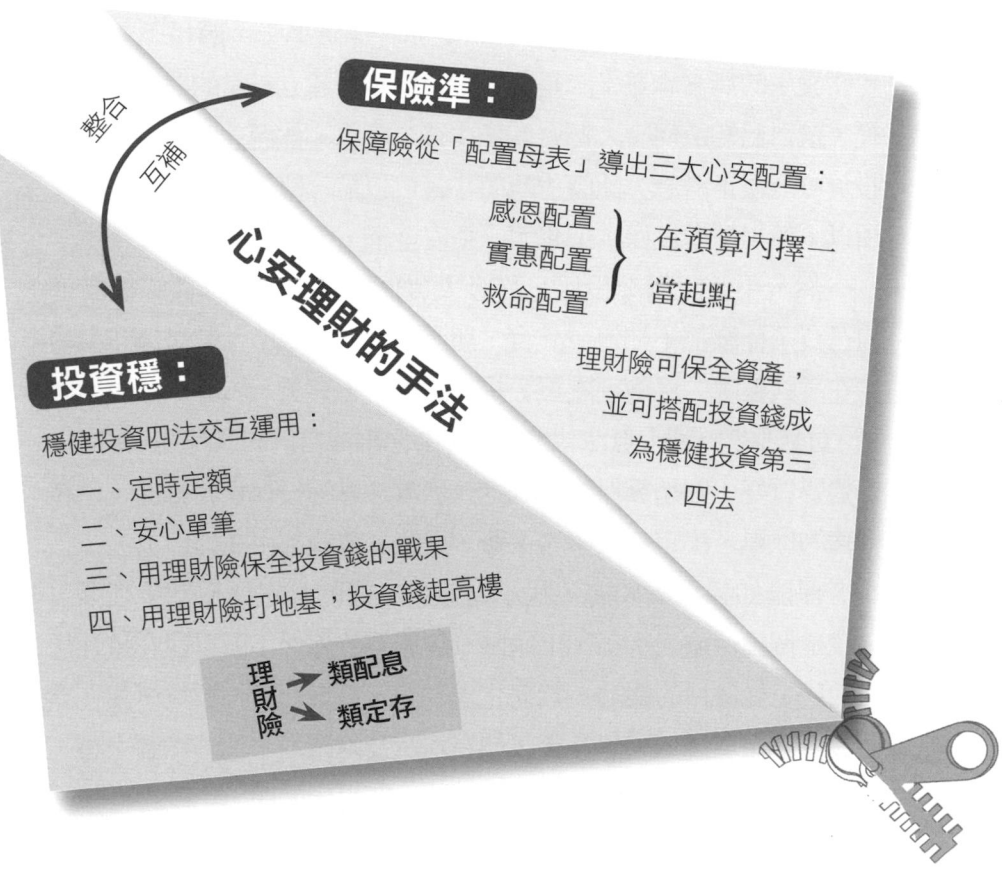

註：三大「心安配置」（感恩、實惠、救命）之細節放在第二部說明。

第一章 保險準
保障險，要精準買對又買夠

「心安理財」有兩隻腳，一是靠「保險準」，應付下一秒就可能發生的無常急難；二是靠「投資穩」，建立正常的財務成長路徑，讓自己知道何時大概會有多少錢來圓夢。然而急需用錢時，靠投資可能緩不濟急，此時「臨時小錢可以借，緊急大錢靠保險」。所以，趁早精準投保，架起第一道安全網，方可初步心安。

然，不要說精準投保，許多人買保險都是道聽塗說，有時連自己買了什麼都不知道。其實，所謂的「保險準」，就是邱正弘博士在《錢難賺，保險別亂買》提到的買對、買夠、買好。要買對險種、買夠保額，別人無法代勞，只能由你根據自己的狀況提出需求。若還要買好，則須靠保險顧問進一步幫你掌握投保實務細節、選擇合適的保單、決定有效率的保費，把每一塊錢都用在刀口上。

保險知識浩瀚如海，我不是業者，懂的當然比他們少很多。但我是個投保逾三十年、出過險、領過錢的保戶！所以我在這裡想談的是，從保戶的觀點，如何化繁為簡，精準買對、買夠。我在讀了幾百張保單後，去蕪存菁，放在本章及附錄一。你若願讀一讀，將發現自己成為一個還算聰明的保戶，問得出問題，也聽得懂保險顧問的話。

買對、買夠保險之例

買對險種：譬如怕死太早，應買不還本的純壽險，而非領息保本的儲蓄險；有癌症家族史的高風險者，最好優先買癌症險，而不是保障多種疾病、癌症只是其一的重大疾病險；怕死不掉，需長期照顧者，應優先買俗擱大碗的意外險、失能險（舊稱殘廢險）*，然後才是較貴的長照險或類長照險。

買夠保額：譬如單身無殼蝸牛需要的壽險身故保額，也許 30 萬就夠了，而有小孩或買房者，則可能要上千萬才夠。

註：2018 年 6 月保險法部分條文修正，保單的「殘」字一律要拿掉，譬如「殘廢」改「失能」；「殘廢險」改為「失能險」；「殘廢扶助險（殘扶險）」改為「失能扶助險」；而原本的「失能險」則改為「喪失工作能力險」；「全殘」也改為「完全失能」。

第一節 九個基本的保險觀念

【觀念1】為什麼要買保障險？

答案很簡單：有大錢來救急！

試想，如果突然身故，留下另一半、幼子、高堂、高額房貸；或重病住院、手術，需靠舉債方能支付高額醫藥費；或殘障不良於行，為了生活仍勉力工作；又或者，不幸失能或失智，無法自理生活，需要被終身照顧；甚或是，活到八、九十歲仍生龍活虎，唯一的問題是沒錢過日子。上述這些逝、病，或殘、老的狀況，一旦發生、又沒事前的保障規劃，都會是人生難以承受之重。

人身四大風險：逝病殘老

（1）死太早（逝、死掉）：自己一了百了，親人卻可能面臨財務重擔！

（2）病太重（病、沒死掉）：縱使能康復，但龐大的醫藥費、看護費卻可能令人喘不過氣！

（3）殘太慘（殘、死不掉）：重殘、失能、失智是最大錢坑！要死不死、需人長期照顧，不但親人受折磨，花費更是無底洞！

（4）活太久（老、不死掉）：老後退出職場，收入少了、沒了，隨著歲月推移，最擔心錢花光了，人卻還活著！

【觀念 2】兩種人不需要買保障險

首先是身無分文、連溫飽都有問題的人，只能去加入被救濟的行列。其次是錢多多的人。生病全部自費請最好的醫生、用最好的藥、住最好的病房、請很多的看護，哪還需要買醫療或長照類保險？至於身故類，若有買，多半是想用壽險節稅傳承資產。

換句話說，除了上述這兩種極端的人外，每個人都該買保障險！只要還可溫飽，愈沒錢、愈該買，因為荷包愈緊，愈無力應付早逝、重病、重殘的大筆花費。

買保險考量的是保大不保小。臨時小錢，手頭擠一下或借錢周轉，總可應付一陣子；然而，負擔不起的大錢，只能靠保險。

【觀念 3】保險三要角

出錢的人、出事的人、拿錢的人。

出錢的人：要保人。因為保費是他出的，所以只有要保人才可變更投保條件或解約。

出事的人：被保險人。就是遭到死、病、殘、老等事故的人。

拿錢的人：受益人。即領取保險給付的人，乃由出錢的要保人指定一或多人，及他們領錢的順位和比例。對於有死亡給付的保單，最好在填完指定的受益人名單後，再在最後一個順位填上「法定繼承人」五個字。（這牽涉到遺產稅、你想照顧誰和繼承順位的問題，本書不討論稅務細節，相關的訊息可諮詢保險顧問）

以上保險三要角可能是同一人、兩人、三人甚至更多人。譬

如若全都不同，就像是：羊毛（受益人拿錢）出在狗身上（被保險人出事），豬買單（要保人出錢）。不同的安排對這三者的權益和稅務影響各異，務必跟你的保險顧問討論清楚。

【觀念4】主約 vs. 附約

同樣保障內容，主約單獨購買，比附約貴；附約則一定要附屬在主約下，且附約保額常會受主約限制（不然，要是有人主約保額買1萬，附約買1億，保險公司不就虧大了）。譬如終身壽險主約保額100萬，則定期壽險附約保額常不得超過500萬（5倍）；或旅行平安險主約（意外險）保額1,000萬，則海外突發疾病附約最多只能買到100萬（10%）。

《圖1-1 保險的配置》

【觀念5】保額有三種

保額是保險金額的簡稱，是理賠金的依據。平準型保額最常見，譬如買20年定期壽險500萬，不管哪一年身故都賠500萬。第二種是增額型，保額會逐年按某種規律增加，譬如每年增加2%、

每三年增 5% 等等。第三是遞減型，保額會逐年減少，房貸壽險最常見（參第九章）。

【觀念 6】保費有兩種，都跟利率成反比

除了意外險、意外醫療險、和一些失能險、骨折險會依職業別訂價外，其他絕大多數險種都是依性別、年齡、體況訂定保費，可分兩種，自然保費都是 1 年期，平準保費則常見於多年期。不管哪一種，保費都跟利率成反比。亦即其他條件相同時，利率愈低，保費愈貴，愈高則愈便宜。

自然保費：年紀愈大、逝病殘風險愈高，所以保費也愈老愈貴，這本來就很自然。優點是，收入少的年輕人保費負擔也輕；缺點則是，收入減少的退休族負擔卻愈來愈重；且每期繳的保費金額不一樣，不好管理。

平準保費：把繳費期內每一期的自然保費總和，換算成每期都繳一樣金額，克服上述缺點。相對於自然保費，平準型年輕時多繳，年老時少繳。

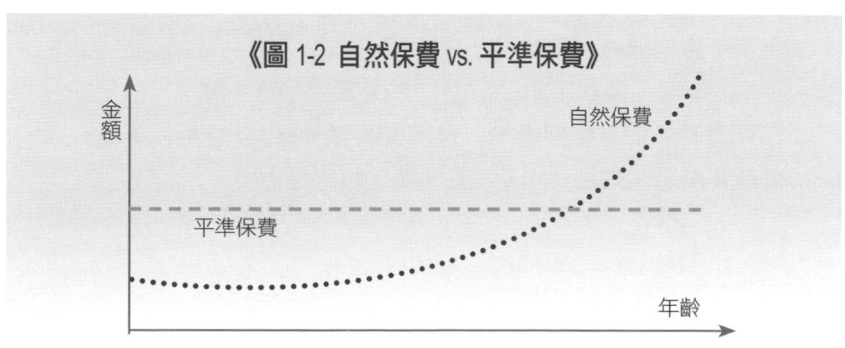

《圖 1-2 自然保費 vs. 平準保費》

【觀念 7】保單價值準備金、解約金

保單價值準備金（保價金）：保險公司把你繳的保費扣除附加費用後，剩下的錢用某個利率滾存，準備隨時要理賠給你的錢，就是保價金。說穿了，保價金早晚都是你的。出險就理賠給你，沒出事就以還本金、滿期金或祝壽金的名義退給你。既然是你的，你便可借出來（保單借款）、用它辦理加減保額、更換險種、減額繳清或展期定期（見第二章），甚至解約領出來。

解約金（現金價值，Cash Value）：若是保單解約，通常你領到的會比保價金少一些，因為還要扣除解約費用。亦即「解約金 = 保價金 - 解約費用」；若你有積欠的保單借款本息、墊繳保費本息等，也須先扣還給保險公司，最後的餘額才是解約金。通常保單愈久，上述解約費用愈低、甚至歸零，解約金就會愈接近、甚至等於保價金。實務上，保單都會詳列每一年度的解約金，你一看便知。

哪些保單有保價金？哪些沒有？

1 年期、不還本、投資型，沒有保價金：1 年期壽險或意外險；不還本的健康險（醫療類和長照類）/ 多年期意外險；投資型年金、連結 1 年期壽險的投資型壽險。

多年期、還本、非投資型，有保價金：終身壽險、多年期定期壽險、終身型健康險、還本型的健康險 / 多年期意外險、傳統年金險；連結多年期定期壽險的投資型壽險。

【觀念 8】預定利率、宣告利率

　　觀念 7 談到的滾存利率，傳統壽險和年金險都是用固定不變的預定利率；但利率變動型年金（簡稱利變年金）則用可變動的宣告利率。保險公司考量利率、客戶期待、公司營運狀況及同業競爭，每年宣告一次，變高、變低或不變都有可能。

　　除了利變年金，還有利率變動型壽險（簡稱利變壽險）更特別，同時採用預定和宣告兩個利率。當可變的宣告利率高於固定的預定利率時，就把高出的部分，用現金給付、儲存生息、增額繳清三種回饋金的形式付給你。利變壽險的宣告利率，一般是每月宣告一次，但每一保單年度均以該年度首月之宣告利率為準，適用一整年；無論該年度內其他月份是否變動，均不受影響。

【觀念 9】不保本、不還本的消耗型，保障效率最高

　　不保本、不還本純保障險的最大特色是低保費、高保障 *。出事拿的大錢，是保費的幾十、幾百、甚至上千倍，保障倍數很高。但沒事的話，保費一毛錢也拿不回來，故稱消耗型。

　　至於保 / 還本型，出事當然也拿大錢，沒出事則於滿期或身故時，退回總繳保費，也許加個幾 %。還本型沒事更可不時拿些小錢（譬如每 3 年給 3 萬）。表面上保費沒浪費，然羊毛出在羊身上，

註：1 年期意外險是「低保費、高保障」的代表，通常年繳約 1,000 元，意外身故就可領回 100 萬，保障倍數高達千倍。若沒出事，則保費一去不回。1 年期壽險在 65 歲前投保，倍數放大效果也很高，愈年輕愈佳。

保／還本型為了把你繳的錢還給你自己，保費不但較貴，且貴很多倍！

然而，還本型並非一無是處，事實上，低利率時代，還本型壽險改造的儲蓄險具有強大的保全資產功能（見第二章第二節）；且未來若回到高利率環境，還本型可在投保當下，就一次鎖定高利率，然後定期領錢、領很久。還有，你若不想浪費保費、喜歡確定的保本、厭惡不確定的投資風險，那麼就算保障效率不佳，只要心安，你仍可考慮還本型。

用利息買保險？

【例】Jane 今年 30 歲，她的保險顧問小婷建議她買 20 年保本定期壽險 500 萬，年繳保費 8 萬，期滿領回總繳保費 160 萬（=20 年 *8 萬／年）。

小婷說：「保障 20 年、期滿拿回全部保費，期間還有身故保障，等於是用保費的利息買保險，不是很好嗎？」

【解說】30 歲女性、同樣 20 年定期壽險 500 萬，若買消耗型，年繳保費約 8,500 元，僅約保本型 8 萬的 1/10、年省 7.15 萬。把這個保費差額每年拿去投資，20 年後要跟保本型一樣領回 160 萬，只要年化報酬率 1.2% 即可（只做定存就差不多了）！若能做到 3%，最後會有 192 萬；5% 則達 236 萬！當然，投資不保證賺，甚至可能倒虧，故投資風險屬性非常保守的人還是可買保／還本型，但若要達到同樣的保障，從本例來看，你可能必須付出約當消耗型近十倍的保費。當然，決定權操之在己，任何決定，心安為上。

上例顯示，要得到最大保障，應買消耗型，絕非保／還本型。

（本例數字接近 2019 年實況，僅供參考，應以保險公司核保為準）

第二節 死掉、沒死掉、死不掉，怎麼辦？
三大類保障險來救你！

對應逝、病、殘、老四大人身風險，保障險也有身故、醫療、長照、年金四類。本章先談前三者，而對抗「活太久」的年金險，則放在第二章介紹，並在第六章搭配投資錢，進行更有效率的自製「心安」退休年金。

身故類在你萬一死太早時，留錢保障關愛的人，求好走；醫療類讓你在病太重、沒死掉時，有錢支應龐大的醫藥費，求復活；長照類則在殘太慘、死不掉時，有錢請人長期照護自己，求好活。

《圖 1-3 保障險三大類》

　　保障險沒事不拿或小拿的特性是，平時乖乖繳費，沒死、沒病、沒殘時，消耗型一毛錢都拿不到，還本型則不時可以拿一點小錢。另一方面，有事大拿或保本是說，有事時，不管消耗型或保／還本型都可拿到大錢救急；滿期或身故時，保／還本型至少可拿回總繳保費扣除已被你領走的錢，也就是至少保本，最好的是不扣你領走的錢，退還全部總繳保費，甚至再加幾 %。

　　這三大類底下各有很多險種，我把最重要而常見的，一次呈現於下圖，讓你先有個全貌的概念。

《圖 1-4 保障險全貌圖》

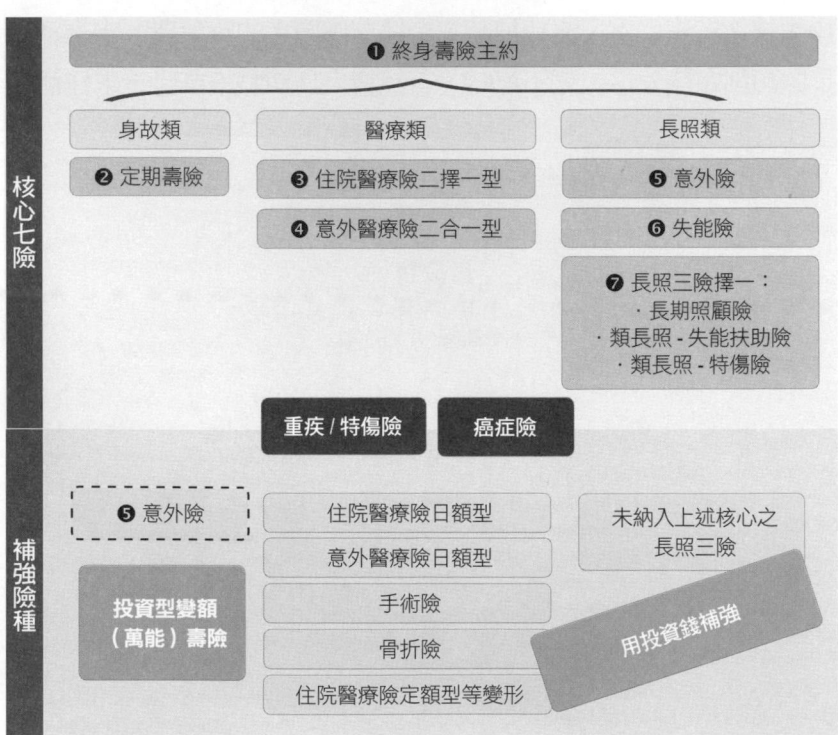

　　上圖把三大類保障險區分成核心七險和補強險種。核心必買，補強可買；唯獨重疾／特傷險和癌症險無法遽下論斷，須根據「體家職」風險＊由你自行決定要當核心或補強。

　　我讀保單時，曾迷失在許多細節裡，後來發現，只要從何時賠、賠什麼、怎麼用三個面向去了解各險種，就可輕鬆上手。然後，你若想了解更多細節及有多貴，可再去參閱附錄一。

一、身故類（死掉、求好走）：留錢給關愛的人

　　身故類主要理賠身故或完全失能（舊稱全殘，視同死亡理賠，譬如植物人），對抗死太早風險，以壽險為主，意外險為輔。自己走了，留一筆大錢保障遺族，讓他們在幫你辦完後事後，還能繳得起房貸、養得起小孩和高堂。

　　我有個非常傑出的朋友，正值盛年、收入頗豐，兩子都在國外念知名大學，太太相夫教子，八十多歲的母親也耳聰目明，三代同堂，幸福滿滿。誰知有一天，他去做個無關痛癢的小手術，竟意外心肺衰竭而亡，親友聞訊都無比震驚痛心。然更慘的是，少了他的高收入，不但全家生活品質瞬間大幅倒退，房貸壓力沉重，連小孩在國外念書的學費也開始捉襟見肘。

註：「體家職」風險是指「體」況不佳者（譬如三高嚴重者，中風或心肌梗塞的風險就高）、有「家」族病史者（譬如直系長輩多有癌症者）、從事的「職」業受傷或罹病風險高者（譬如工作環境惡劣、空氣差等）。

【壽險】死了領錢；保疾病，也保意外

何時賠？賠什麼？不管是疾病或意外造成的身故／完全失能都賠一大筆錢，結束契約。有些（家庭式）壽險可分期給付，避免遺族一下子就花光光。也常會有其他與身故無關的給付，見附錄一。

怎麼用？終身壽險只有主約沒有附約；因終身有效，故很適合當做總主約，下面掛上各種附約，《圖1-4》便是這種架構。低利率時代，是最貴的險種之一；躉繳或6~30年分期繳，保障終身。若你一直不死，保險公司不想再陪你玩了，就會在百歲前後給你一筆接近保額的祝壽金，結束契約（等不到你死，乾脆就把該給你的提前給你，算你厲害）。至於1~30年定期壽險，消耗型的愈年輕買、年期愈短，愈具有「低保費、高保障」的特性。附約比主約便宜。15~30年的長年期定期壽險，則常用來保障上有高堂、下有幼子和房貸的重擔期。

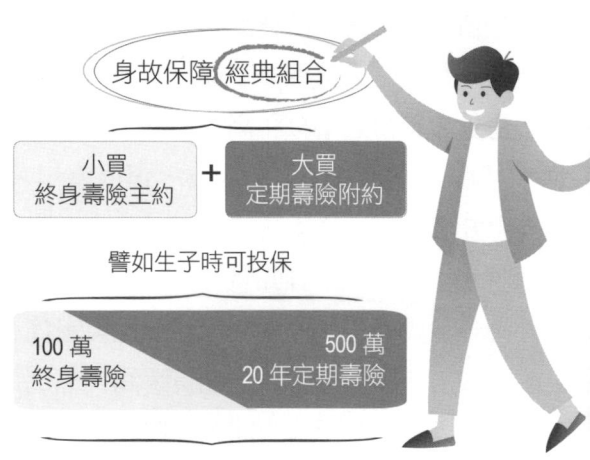

《圖1-5 身故保障經典組合》

萬一你早逝，小孩還有錢（600萬理賠金）可以長大
這種組合，會比全部600萬都買終身壽險便宜很多

1~5年的短年期非常便宜，頗適合初入職場、收入不豐、未成家、未生子、沒啥責任的年輕人投保；或是臨時補強，像暫時從事

危險性較高的活動，或被調去治安不好的地方工作。1 年期壽險若有保證續保，多只到 74~80 歲；是自然保費，女 50 歲前、男 40 歲前都非常便宜，但 60~65 歲後就比終身壽險的平準保費貴。

不管終身或定期壽險，若「繳費年期 + 年齡」超過 70~75，太老就買不到了。像繳費 20 年者，最晚 50~55 歲就必須買。

【意外險】失能、身故都賠；但只保意外，不保疾病

意外險正式名稱是傷害保險。保單只要看到傷害兩字，像「遭受傷害事故時給付……」之類，就是說意外造成的才會理賠，疾病造成的不算。故意外險只保意外、不保疾病（壽險則保疾病、也保意外）。所謂意外是指外來、突發、非疾病，因為跟體況無關，故不需體檢。主、附約都有；1 年期居多，也有一些 3 年期。保費跟性別年齡無關，用六種職業別訂價，但多半只保到 75 歲。內勤坐辦公桌的、無業的，都屬第一類職業，最便宜，若向壽險公司買 100 萬保額，保費一年只要 1 千元出頭。

何時賠？賠什麼？意外致成身故拿 100% 保額，失能則依輕重等級理賠，從最重的 1 級賠 100%，到最輕的 11 級賠 5%，然後契約就結束。再次提醒，意外險因意外才會賠，因病是不賠的喔！其他不賠事項詳附錄一。

怎麼用？身故保障的核心是疾病或意外身故都賠的壽險；因病致死不賠的意外險則僅是補強，此乃因身故原因八成多是疾病，僅一成多是意外。

其實，意外險最主要的功能是保障殘廢失能而非身故，是長照類的核心。壽險公司多可保證續保，產險公司則否，但可便宜近

半！故可兩者都買一些，或以壽險公司為主，產險公司的則用來短期臨時補強。意外險若加入旅遊保障就變成旅行平安險；加入開／騎車造成別人體傷或財損的保障，就變成汽／機車第三人責任險。

【投資型（變額、變額萬能）壽險】本質是壽險；要勝率夠高、夠穩，方可當投資

本書將用《圖 1-5》最普遍的「經典組合」建構身故保障，不用投資型壽險。因為目前後者常被當成投資在賣，壽險方面你不容易得到妥切的建議，而且它們頗複雜，所以我就放在附錄三、四（下載連結請見目錄頁），若有人推薦，你也想評估看看，再去讀。

二、醫療類（沒死掉、求復活）：支應龐大的醫藥費

醫療類讓你有錢支應就醫的費用，對抗病太重風險，早日恢復健康。

我我認識一個高階主管，退休後帶著太太遊遍全球無數景點，堪稱神仙眷侶。有一天太太摸到乳房硬塊，一檢查竟是乳癌！這個晴天霹靂頓時打亂生活步調。體貼的先生陪著愛妻手術、化療，每天一早載她到近郊山上呼吸新鮮空氣、做運動，並親手準備有機營養的三餐。這樣過了半年，一天夜裡，先生起來上廁所時，竟跌倒撞擊，緊急送醫後卻半身不遂。這下換成太太照顧先生，除了自己持續化療和放療之外，每天更陪著先生復健，幫他按摩……。估計他們兩人短短一年內花掉的醫藥費、看護費、營養品等等，大概上千萬跑不掉！

醫療類保險首要打銷龐大的住院醫藥和手術費用，其次才是病房升等差額，或是彌補暫時無法工作而中斷的收入。若不幸罹癌，出院後的療養、放療、化療、標靶等費用將更驚人。身故時，消耗型啥都沒有；保本型至少可拿回剩餘保費；帳戶型多半可拿回未支用餘額。醫療類險種又多又雜，底下扼要介紹，若你能跟著附錄一的例子讀，會更有感覺。

【住院醫療險】支應住院的醫療花費

何時賠？投保經過 30~90 日的等待期之後，住院必賠（不管因病或意外）。沒有住院的急診、門診手術等，須保單有寫才會賠。

賠什麼？基本三型各異。日額型賠「住院日額 = 住院日數 * 投保的單位日額」，不需收據就可理賠。譬如「住院 3 天 * 單位日額 2,000= 賠 6,000 元」。第二是實支實付型，須超過健保給付的部分才會在限額內賠，且需收據正本。若要用副本申領，須在投保時先得到保險公司同意方可。你投保時買一個套餐，含三個當然給付，各有限額如《附錄一 - 表3》之例。其中住院醫療費用及手術費用是最可能花大錢的地方。*

第三是二擇一型，可從上兩型擇一申領，哪邊領得多，就選那邊。除了基本三型外，還有定額型也很常見，見附錄一。

怎麼用？先買 1 年期二擇一型，其中實支實付的限額可斟酌多買，以對抗高額的醫藥費。預算更多時，可再買些日額型來補強。

註：健保不給付但實支實付有理賠的常見昂貴醫療項目舉例：病房升等差額、塗藥心血管支架（一支 6 萬起跳，若加麻醉、止血器、去除血管斑塊等，還要再加 10 萬左右）、動輒數百萬的癌症標靶藥物、達文西手術（20 萬起跳）等等。

若預算非常拮据，至少也應投保最便宜、只有日額一項給付的陽春日額型。產險公司的 1 年期不保證續保，適合臨時補強。壽險公司的 1 年期自動保證續保，卻只保到 65~85 歲，你會問：「那就買終身住院醫療險？」其實目前的終身型幾乎都是「限額不限齡」的帳戶型。譬如帳戶限額 200 萬，若明天用完，契約就終止（限額）；但若 100 歲都還沒用完，則持續有效（不限齡）。也就是，名為終身，但不一定真的保終身。而且終身險很貴，比較好的做法是，買 1 年期，再把省下來的保費差額拿去做投資錢（類似第一章【觀念9】之例），到 65~85 歲保險公司不續保時，你手邊反而可能會有更多的錢自保，參第五章的 2 筆投資。

【重大疾病險 / 嚴重特定傷病險 / 重大傷病險】罹重病、遭重傷時拿錢，結束契約

　　1~30 年期以消耗型居多，1 年期保證續保到七、八十歲。終身型則有消耗型和保本型，後者於身故 / 完全失能時退還總繳保費。

　　何時賠？賠什麼？初次遭罹傷病時，給一大筆錢，結束契約。這些傷病必須符合保單定義，不能只看病名，跟住不住院無關。有些疾病會再分輕重度，輕度者理賠保額的幾 % 到幾十 %，重度則給保額的 1 到 5 倍；也可能還會退回未到期保費或總繳保費。總之，要看保單條款怎麼寫，不同疾病定義、不同輕重度之理賠金額會不同。有三種：重大疾病險保障傳統 7 種傷病（附錄一）；嚴重特定傷病險保障 22 種 *；重大傷病險則是拿到健保核發的重大傷病卡

　　註：嚴重特定傷病險自 2019 年起統一為定義明確的 22 種，統一之前叫特定傷病險，少則兩種、多則二、三十種，傷病項目數和定義都由各保險公司自訂，非常紊亂，糾紛不少。

就會賠，涵蓋政府公告的三、四百種重大傷病。

怎麼用？由於 60 歲後最需保障時，1 年期的保費卻飛漲，故可投保終身型，但消耗型即可，不需買到保／還本型；或是買 1 年期，再另外準備投資錢老後自保（第五章）。醫療類險種裡，重疾／特傷險是最貴的之一，該不該買？由體家職風險決定。若要買，最好 45 歲前就要投保，再晚就不易買到或非常貴；且應根據你的體家職風險慎選傷病項目，不是愈多愈好，因為真的很貴！若難以評估，就買只含 7 種的傳統重大疾病險，因這 7 種本來發生機率就最高。

【癌症險】跟癌症長期抗戰

癌症帶來的財務風險極高！連續三十多年高居國人死因榜首，且發生率只升不降，傳統 7 種重大疾病險的理賠中，癌症就高達八成。癌症的治療費用龐大、動輒百萬，然而不少治癌的先進手術、較貴藥物、特殊衛材，目前健保卻都沒有給付；更別說中藥、自然療法、民俗療法等花費了。另一方面，罹癌後可能無法工作或減少工作質量，收入常會大幅下降。這樣支出大增、收入減少，蠟燭兩頭燒，若無保險，恐無以為繼。罹癌治療時，住院醫療險只賠住院的開銷，未住院的化療、標靶等醫藥費就須靠癌症險。有一次給付型和分項給付型兩種。

何時賠？賠什麼？一次給付型確診罹癌就給一筆錢，結束契約。分項給付型是買幾個單位或某個計畫，內含多個醫療項目，分項條列，如《附錄一 - 表 4》。有發生的項目就憑據在該項限額內理賠，但合計不能超過總限額。這兩型的理賠金額都會看癌症是初期、輕度或重度，給付保額的幾 % 或幾倍，端看保單條款怎麼寫。

投保時不能只看保費高低，因為跟理賠項目多寡、給付的比率或倍數都有關，須比較方知。

怎麼用？癌症險 0~75 歲都可投保。年輕很便宜，50 歲後，一次給付型是最貴的險種之一，分項給付型便宜很多。預算夠，可先買 1 年期一次給付型；預算緊，則先買分項給付型。若擔心 1 年期僅保證續保到 70~105 歲，也可買更貴的保本終身型，雖非常貴，但若預算許可仍可考慮購買，因為癌症常來得太快太凶，需要時間滾存的投資錢可能來不及；其次是癌者死前常有預料之外的花費，甚至須舉債，使得原來壽險 / 意外險規劃好的身故保障突然不夠。

台灣癌症發生率居高不下，癌症險一直在漲價，若要買，宜早不宜遲！

重疾 / 特傷險 vs. 癌症險

買了重疾 / 特傷險就包含癌症了，還需要再買癌症險嗎？畢竟兩個都非常貴啊！是否都要買，或該買哪一個？以下幾個考量供你參考：

（1）原位癌（最早期的癌）：癌症險才會賠，重疾 / 特傷險不賠。

（2）所有重大疾病中，癌症的定義最明確、最易獲得理賠。

（3）若先罹患尿毒、中風等重大疾病，拿了錢、重疾 / 特傷險的契約結束。之後再罹癌，就沒保障了。

（4）若體家職罹癌風險明顯偏高，則癌症險優先，有餘力再買重大疾病險。若罹患心肌梗塞等其他風險較高者，則優先買重疾 / 特傷險，再考慮癌症險。

（5）當然，預算夠的話，兩個都買最安心。

【手術險】動手術就給錢；補強住院醫療險、重疾／特傷險、癌症險等

何時賠？針對保單有列的手術項目（可達上千種），有發生就賠，不管是住院手術或門診手術；反過來講，沒手術就不賠，就算住院也不賠。賠什麼？針對有發生的手術項目理賠，每種手術金額都不同，保單中都會詳列；通常會有一個總限額。

怎麼用？若你的體家職手術風險高，就可投保手術險。以1年期附約為主，可保證續保到七、八十歲。終身型是限額不限齡。

【意外醫療險】支應意外傷害之醫療費用

意外醫療險正式名稱是傷害醫療保險或傷害保險。何時賠？因意外傷害就醫賠，但因病就醫不賠。有些須住院才賠，有些則不需要，端看保單怎麼寫。

賠什麼？可看成是住院醫療險的意外傷害加強版。針對意外傷害常見的撞擊或燒傷造成之骨折、燒燙傷、創傷縫合等醫療支出，特別加強給付。除單純日額型外，日額加實支實付一起賠的「二合一型」更常見（不是二擇一）。它實支實付的部分只有一個總限額，就超過全民健保的部分，在總限額內憑據給付（不像住院醫療險分成三個當然給付且各有限額）。怎麼用？多為1年期附約。依職業別訂價，不需體檢，跟意外險一樣便宜；產險公司比壽險公司便宜近半，但不保證續保。通常是直接買意外醫療險跟意外險的套餐，請瞄一下《附錄一-表5、表6》，會更有感覺。

【骨折險】補強意外醫療險

為什麼需要骨折險？因為骨折常住院沒幾天、甚至沒住院、打了石膏就回家休養好幾個月，就醫的花費可能遠不及在家療養、購置拐杖、輪椅等支出，以及暫時無法工作的收入損失。此時，意外醫療險可賠的不多、住院才理賠的住院醫療險更可能根本賠不到。

何時賠？骨折就賠，不管有沒有住院。賠什麼？針對不同程度和部位的骨折或脫臼，不需收據，直接定額給付不同的比例或倍數（依保單所寫）。怎麼用？常跟意外醫療險綁在一起銷售，特別適合骨折風險高的人投保，譬如年長者。

醫療險愈早買愈好

除了意外醫療險和骨折險常用職業別決定保費外，其他的都與年齡、體況息息相關，愈年輕投保、愈沒有病痛，愈便宜。

除了老人保單外，一般醫療險早則 50、最晚到 65 歲就無法初次投保；若曾生大病，也可能被加費承保或拒保。

醫療險並非買了就萬無一失，因為定期險多半只續保到 80 歲前後；而終身險則限額用完就會失效，包括住院醫療險、分項給付癌症險、手術險之終身型都是這樣限額不限齡！怎麼辦？第五、六章會説明。醫療險很複雜！你若想更踏實心安，可去看看附錄一的例子。

三、長照類（死不掉、求好活）：有錢長期照護自己

需要被長期照顧通常是因為意外、疾病或自然老化，導致死不掉之重殘，像癱瘓、失能、失智等。此時需靠長照類保險求好活，

希望有錢請看護，不拖累家人，活得有尊嚴；身雖受困、心仍安定。長照類保障險，除了分期給付的長照三險外〔長照險、類長照-失能扶助險（舊稱殘扶險）、類長照-特傷險〕，多數人忽略的是，一次拿大錢的意外險、失能險（舊稱殘廢險），才是最便宜的長照類險種！但因這兩者多只保到 75 歲，故最好還是搭配長照三險。

長照最好要有 10~20 年的財務準備，以月領 5 萬計算，共需 600~1,200 萬！然幾十年後不但更老、花費更大，購買力又被通膨侵蝕，屆時這 5 萬一定不夠！怎麼辦？你可隨收入增加，在退休前逐步把保額拉高到月領 8 萬、10 萬之譜；另一個方法是趁早準備投資錢補強（第五章）。

【意外險】保意外失能、是長照類之核心；也保意外身故、是身故類的補強

很多人以為要對抗長照風險，就要買長照三險，殊不知身故類介紹過的意外險更是長照類的核心！不但便宜，且理賠標準明確，只要意外導致失能就可一次拿大錢，等同長照險分期拿錢的效果。譬如投保 1,200 萬保額，1 級失能領全額，月花 5 萬，可撐 20 年，年繳保費卻僅 1 萬多塊，大概只有同樣月領 5 萬長照險的二到五成。

【失能險】既保意外、也保疾病造成的失能，但不保身故

意外險加上失能險是長照核心中的核心！因為兩者都很便宜，且保障範圍剛好完全互補。意外險保意外、不保疾病，失能險則保意外、也保疾病；失能險不保身故，但意外險就保身故。兩者的優點都是失能標準明確、爭議較少，一次拿大錢可自由運用；缺點是

一定要失能才理賠。其實，失能才理賠這件事也可能是個優點，因為有不少失能的狀況，仍可自由活動，還沒糟到要靠他人照顧的地步。此時，長照險不賠，只有失能險會賠；若是意外造成的，意外險也會賠。別以為殘廢失能一定是意外事故造成的斷手斷腳，很多情況也是疾病造成的喔！譬如中風半身不遂、糖尿病截肢、癌症切除臟器等等。

何時賠？失能就賠！但身故不賠。賠什麼？很單純，只賠失能保險金，跟意外險一樣，也是按 1~11 級失能等級比例一次給付。

怎麼用？失能險沒有保 / 還本型、只有消耗型附約，只能跟著壽險或意外險主約購買；多是 1 年期，若有保證續保，多半只到 75 歲止，但若是附加到變額萬能壽險主約，則只要主約不失效，便可持續享有保障。職業別訂價只保 2~11 級失能、不保 1 級；也有性別年齡訂價的，跟意外險一樣保 1~11 級失能，也很便宜，男 30 歲前、女 40 歲前，一天不到 1 元就可買到保額 100 萬！靠勞力、跑外勤的年輕人，怎能不買？可惜市售失能險很少*，且多半最多只能買到 500 萬。若要進一步提高保額，只能考慮稍後討論的類長照 - 失能扶助險了。

【長照險】落入長照態時，每月 / 年拿錢

需長期照顧的狀態（本書簡稱「長照態」）：即失能或失智

註：2019 年初市售失能險保單僅兩、三張，可上保發中心網站的保險商品資料庫，在關鍵字查詢欄輸入「失能保險附約」，便可找到。注意不要找團體保單；也不要「傷害失能保險附約」或產險公司的「失能傷害保險」、「個人傷害保險意外傷害身故及失能保險附約」等保單，那些都是保意外、不保疾病的意外險；且有些是「喪失工作能力險」（舊稱「失能險」），亦即只要失去工作能力、不管有沒有殘廢，就會分期給付的保單，非本章所討論的「失能險」（舊稱「殘廢險」）。

嚴重到無法自理日常生活，不管是因為疾病、意外或自然老化造成的都算*。

何時賠？符合長照態時理賠！賠什麼？醫師診斷確定長照態時先給一筆錢，然後按月/年分期再給，通常會有上限，譬如192或240個月等；有些保單有保證給付次數；若有豁免保費（這很重要），條件多是確診長照態或1~6級重度失能時。長照態很難復原，常拖到身故為止。故長照險清一色都是終身型，沒有定期險。身故時消耗型無錢可領；保/還本型則退回總繳保費。若一直不死，保/還本型會在達到上限（常見10~16年、少數可達50年、愈長愈貴）或給了高齡祝壽金後，結束契約。

何謂「豁免保費」

就是發生符合豁免條件的情況時，就不必再繳保費，但保障依然有效，等於是保險的保險。

通常是當被保險人罹重病或1~6級重度失能(重殘)時豁免。

若要保人跟被保險人不是同一人，也可能給要保人豁免。譬如爸出錢當要保人、小孩是被保險人，若爸爸死了，被豁免保費，小孩就可不用再繳費，持續享有保障。

有豁免保費的保單會貴一點，若原保單沒有，通常也可另外付費加買。

怎麼用？若沒殘、沒病，要保障自然老化的失能失智導致的

註：失能：食、衣、睡、行、浴、廁六大生活自理能力中，至少有三項（六取三）不能自理（與失能險的失能定義是1~11級不一樣）。

失智：人、地、時三大認知功能中，至少有兩項（三取二）分不清楚。

長照態，只能靠長照險，這也是最大的優點。因為意外險、失能險或類長照 - 失能扶助險，都須失能才會賠；而類長照 - 特傷險則須罹患重大、特定傷病才會理賠。然長照險被訴病的是很貴，且須每（半）年經醫師證明仍符合長照態，方可繼續領錢！要買長照險的話，趁年輕！最好在 45 歲前投保，繳費 20 年，則在 65 歲退休後，就不必再負擔高額保費。（市面上最晚到 65 歲還可買到繳費 10 年的終身險，但即使只是消耗型，65 歲投保月領 5 萬保額，年繳保費就可高達 20 萬！）

【類長照 - 失能扶助險】失能就拿一筆；重度失能再每月 / 年拿錢

基於長照險被訴病的缺點，業者便推出較便宜的失能扶助險，因為也是分期給付為主，類似長照險，故俗稱類長照。定期險有 1~30 年；終身型較常見，主附約都有；仍是限額不限齡的概念，不管幾歲、限額花完就沒了。

何時賠？賠什麼？給二到三筆錢。第一筆是 1~11 級失能時，依失能等級給付比例給一次。第二筆失能扶助金是最重要的，針對 1~6 級重度失能，不必再分等級比例，直接分期給錢到上限、死亡或特定歲數（80~111 歲間）為止。若有保證給付期間，就算早死，也可拿到那段期間該給的錢。例如保證給付 200 個月，若於第 85 個月身故，可將 86~200 個月的錢折現，讓受益人一次領取；若過了 200 個月還活著，可繼續分期領失能扶助金。最後，有些保單會不分等級比例，再給第三筆一次性的小錢。

怎麼用？看體家職風險決定購買與否。1 年期因不一定保證續

保，臨時補強較合適。但因男 50 歲、女 60 歲前都很便宜，故工作受傷、殘廢失能風險高的人應優先投保，尤其是常奔波的年輕人！若要保障重擔期，可直接買 20 年定期險。預算更多則可買終身型，但最好在 45 歲前投保，繳費 20 年到 65 歲退休前繳完。

失能扶助險、失能險，哪個好？

失能險 1 年期非常便宜，男 40 歲前、女 50 歲前，或是職業一到四類者，都是一天最多 10 元、就有保障 500 萬。

失能險都是 1 年期附約，不一定保證續保，且多只保到 75 歲；市售保單不多，且最高只能買到 500 萬。若想加大保障，可再買類長照 - 失能扶助險。

體家職風險高者，兩者都要買；低者，失能險優先。

【類長照 - 特定傷病險】罹重病、遭重傷時每月 / 年拿錢

把重大疾病 / 特定傷病 / 重大傷病險的一次給付改成分期為主，就成了類長照 - 特傷險。

何時賠？只要初次遭罹保單定義之傷病就賠，不一定要殘廢失能或落入長照態。反過來講，自然老化的失能失智，即使處於悽慘的長照態，但未遭罹傷病，仍不會賠。賠什麼？確診時先給一筆小錢，然後再分期給；常有保證給付期間。

怎麼用？這是最貴的險種之一！傷病項目愈多、保證給付期間愈久者，愈貴。但 40 歲前的 1 年期便宜，適合臨時補強。20 年期則可用來保障重擔期。終身型最晚 45 歲前一定要買。應看體家職風險決定是否購買及傷病項目多寡。若風險很高，則一次給付的

重疾/特傷險和這裡分期給付的類長照-特傷險，也許都該購買；若預算不夠，則可擇一投保。保/還本型太貴，還不如買消耗型，再把保費差額拿去做投資錢（參第一章【觀念9】）。

疾病也會造成殘廢失能

疾病造成的殘廢失能，失能險、失能扶助險和重疾/特傷險都會賠；若落入長照態，長照險也會賠，如：

（1）頭頸部癌症接受放射線治療致永久喪失咀嚼、吞嚥或言語機能 → 完全失能。

（2）糖尿病造成雙目失明或兩腳截肢 → 1~2 級失能。

（3）青光眼或白內障致一目失明 → 4~7 級失能。

（4）中風變成植物人 → 1 級失能。

（5）任一主要臟器切除二分之一以上 → 9 級失能。

（6）失智看嚴重程度歸為 1~7 級失能。

（7）巴金森、骨癌、運動神經元疾病、僵直性脊椎炎等等，皆可致殘。

以上長照類五個險種，意外險和失能險應立刻買齊，長照三險若要買的話，也是愈早買愈便宜，且因以分期給付為主，故豁免保費就很重要，免得出險後無法工作、繳不出保費，而領不到後續分期的錢。讀到這裡，你應該已經有一個概念，那就是，長照類五個險種一人一把號、各吹各的調，每個險的理賠條件都不盡相同；且意外險和失能險多只保到 75 歲，而長照三險則多有給付上限。也就是沒辦法只買一種就保障所有狀況的長照需求，甚至全部都買也還有不賠的時候！所以第五章要談的，趁早準備投資錢補強，是

相當重要的。（這讓我聯想到，每種食用油的營養都不同，沒有一種油可以提供人體所需的全部營養，所以油品應該多吃幾種，不能只吃一種，見健康別冊）

　　保障險除了上述這三大類，旅行平安險和汽機車第三人責任險，也都是具有強大保障功能的保險，但因它們除了你自己的人身保障外，還牽涉到財物損失及第三人的保障，所以獨立在第十、十一章說明。

預防失智症、降低長照機率，台灣失智症協會建議：

採地中海型飲食
（即多吃各種顏色的蔬果、好油等）

規律運動

LOSE WEIGHT

維持健康體重

多社會互動

健康是最好的保險

第三節 多少保額才算買夠？

　　保額多少才算買夠呢？以下將分別依身故、醫療、長照三大類說明。

所謂「買夠」就是：保額 = 保障缺口
保障缺口 = 需要的保障 - 已有的保障

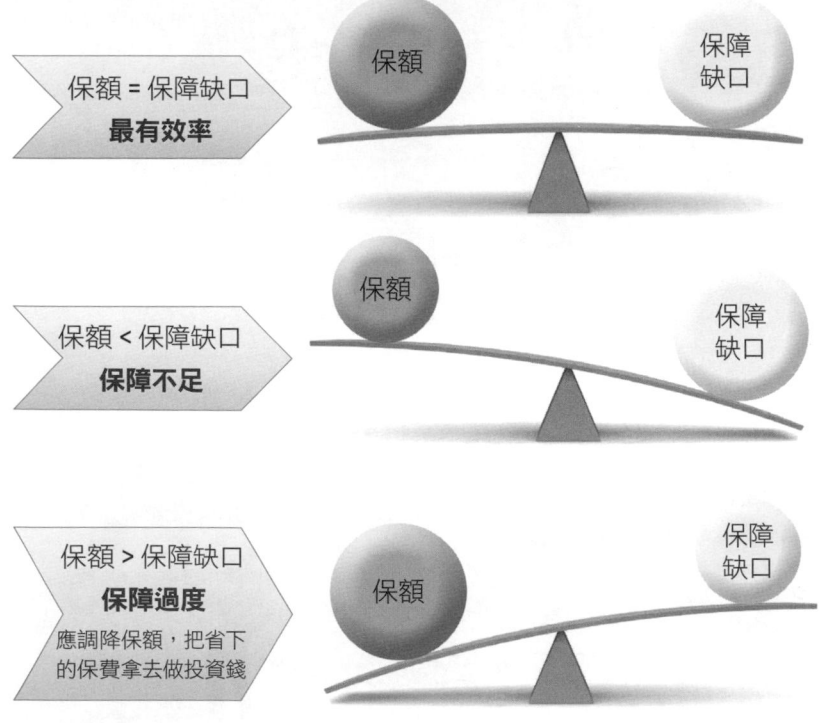

一、身故類：需先估算身故保障缺口

　　老楊 45 歲時，有壽險的「經典組合」500 萬。當時他有一對 9 歲、11 歲可愛的兒女，且和太太工作都很穩定，年薪分別是 200 萬和 100 萬，每年生活開銷加上一趟海外旅行，約花 180 萬，還可存下 120 萬；手頭另有 280 萬基金。他們覺得 20 年後老楊退休時，存個兩、三千萬應該不是問題。然而就在一切都那麼美滿的時候，老楊卻在一場車禍中喪生！

　　兩個小孩到 23 歲大學畢業之前，還要 14 跟 12 年，若一個一年需要 30 萬，合計共（14+12）*30=780 萬，除了 280 萬基金，「缺口」仍有 500 萬！所幸可用 500 萬保險理賠來填補，足以把小孩拉拔到大學畢業。然而，剩下楊太太 100 萬年薪，顯然無法維持原來全家每年花費 180 萬的生活水準了！每年差 80 萬的「缺口」，若用 12~14 年算，約需 1 千萬，如果當時老楊的壽險能多買個 1 千萬該有多好！至於他們本來每年存 120 萬，退休前存個幾千萬的夢想，當然更是付諸流水了。

　　從這個例子，你可以感覺到，保險是用來填補「缺口」的。什麼是缺口呢？就是一旦出事，除了動用已有的保障外，你「還」需要多少錢才可過關？

　　身故的保障缺口可用下表估算，在單身、成家、生子、買房、退休等人生重大轉折時，都須重新估算，並做必要的調整。

《表 1-1 身故保障缺口估算》

估算項目	保障項目	估算基準	金額（萬元）
需要保障 X	全家生活費	全家每年生活費 *（大學畢業 23 歲 - 最小孩子年齡）	
	子女教育費	小孩一：（國內就學每年約需 10 萬 ~50 萬）* 剩餘求學年數	
		小孩二：（國內就學每年約需 10 萬 ~50 萬）* 剩餘求學年數	
		小孩三：（國內就學每年約需 10 萬 ~50 萬）* 剩餘求學年數	
		小孩四：（國內就學每年約需 10 萬 ~50 萬）* 剩餘求學年數	
		（出國留學每年 200 萬 ~400 萬）* 求學年數 * 子女數	
	負債	房貸	
		車貸	
		其他	
	孝養高堂	父每年金額 *（77- 目前年齡）+ 母每年金額 *（84- 目前年齡） 內政部公布 2017 年國人平均壽命：男 77.3、女 83.7 歲	
	自己喪葬費	含基地或靈骨塔，幾萬至幾千萬，隨你自訂	
	資產傳承	先估計遺產稅要多少錢，想買多少身故保額當成遺族繳稅的財源？	
		想買多少身故保額去節省遺產稅？	
	其他	想照顧的親戚或任何關心的人	
		X 小計	
已有保障 Y	政府的保險	勞保、農保、國保、軍保、公教保等的死亡給付	
	商業保險	已買的商業保險之死亡給付	
		公司或職業工會團保之死亡給付	
	可運用資產	現金、其他可變現資產	
		Y 小計	
保障缺口 Z		身故保障缺口（Z）= 需購買之身故保額（X-Y）	萬

表中 X 包含許多項目，每一項都是你的遺願，應斟酌的收入挑

選恰當的項目；挑愈多，需要的保額愈高，保費當然愈多。一般而言，成家前和退休後的責任較輕，身故保障需求最低，而生子、買房的重擔期，需求最高。這張表若有地方不清楚，像遺產稅、勞保、農保、團保等，可請你的保險顧問說明，或幫你找資料。

二、醫療類：從少買到多，到退休時繳完保費，並拉到最高

就醫時，台灣的全民健保是很棒的護身符，然醫療品項太雜，還是有許多費用健保並不支付，此時就須靠你自己買的醫療險了。醫療險要買多少保額才算買夠呢？這牽涉到兩個因素。一是體家職風險高者，頻繁就醫的機會也高；二是你想要什麼樣的就醫品質？病房升等、請看護、尖端手術或藥物、珍稀營養品？顯然要事先估算這兩者的花費並不容易。衛福部倒是有些統計數字可供參考，民國 100 年平均每人每年醫療費用 34,290 元，乘上當年度國人平均餘命 79.16 歲，可得到一生醫療費用約 271 萬。若依年齡看，50~79 歲共 30 年花費近 140 萬、就佔 51%，80 歲後每年更高達 134,693 元。所以，若以退休後平均再活 20 年、每人每年醫療花費 10 萬元來算，粗估最低保額也要 200 萬。

這個「愈老醫療花費愈高」的現象，指引了醫療險的投保策略：從少買到多。年輕時先買一點保額當基本保障，然後隨著年齡和收入增長逐步拉高，到退休時繳完保費，並拉到最高（60 歲時，全部醫療險保障至少 200 萬）。下表是建議的最低參考保額。

《表 1-2 醫療類險種最低參考保額》

險種	最低參考保額	說明
住院醫療險	實支實付三個當然給付限額：每日病房費 2 千元 / 醫藥雜費 10 萬 / 手術費 10 萬	實支實付可彌補健保不給付的部分，三個當然給付的限額愈高愈能應付大筆醫藥支出；但其金額要看保單各計畫別套餐的組合而定，且無法單獨購買
	日額 2 千元	2 千元可提供健保六人病房升等到雙人病房的差額，或彌補未工作的一日收入損失
重疾 / 特傷險	一次給付 100 萬	中風等重大疾病所費不貲，若原來月薪 3 萬，100 萬等於三年無法工作的收入損失
癌症險	一次給付 100 萬	癌症手術、放療、標靶等花費動輒幾百萬
	分項給付之套餐（單位數或計畫別），買到每日給付 3 千元（若 1 個單位每日給付 1 千元，就買 3 個單位）	這樣連同上述住院醫療險的日額 2 千元（或每日病房費 2 千元），合計 5 千 ~7 千元，便有機會升等單人病房，因為癌症住院常拖較久，單人病房可讓病人和家屬較放鬆；分項給付套餐除了每日給付外，保單有寫的其他項目若有發生也可憑據理賠
手術險	每次手術給付 1 千 ~ 10 萬元（例：賠付 1~ 100 倍之保單，購買保額 1 千元）	補強其他醫療險種的重大手術風險
意外醫療險	日額 2 千元 / 實支實付 10 萬元	比照住院醫療險
骨折險	10 萬元	常見的「骨折給付比例」是 20%~100%，若是最低的 20%，則 10 萬保額會賠 2 萬，可支應購置輪椅、拐杖等支出

註：以上金額僅供參考，非為任何保險公司之規定。

切記：醫療險愈早買愈好；也要依第五章準備投資錢補強。

三、長照類：須撐 10~20 年；一次領者，至少 600~1,200 萬；分期領者，至少月領 5 萬

小芳剛出社會，月薪 2.5 萬，安分守己。有一天早上吃完媽媽做的早餐後如常搭車上班，誰知才進辦公室就接到急電，說媽媽正在急診，強忍淚水、奔赴醫院，原來是媽媽騎機車出門買東西，被一輛疾駛的汽車撞飛，顱內大出血！經過搶救，手術還算順利，但住院 20 天仍昏迷不醒，出院後轉到長期照顧機構，每個月要 3 萬。

前面提過，以月領 5 萬計，長照 10~20 年等於 600~1,200 萬。但每個人狀況不同，可用「長照保障缺口估算表」更精確地估算長照缺口，並在體況變差、成家、生子、買房等時期，重新估算並據以調整保額。

《表 1-3 長照保障缺口估算》

估算項目	保障項目	估算基準	萬元 / 月
需要保障 X	長照費用	請人居家照護或外送安養機構之費用	
	生活費用	彌補被照護者與照顧者無法工作後中斷之收入，以支應每月生活費	
	X 小計		
已有保障 Y	政府的保險	勞保、農保、國保、軍保、公教保等的失能或身心障礙給付	
	商業保險	已買的商業保險	
	可運用資產	現金、其他可變現資產，每月可動用之金額	
	Y 小計		
保障缺口 Z		長照保障缺口（Z）= 需購買之保額（X-Y）	萬 / 月

第四節 保障險「配置母表」
讓你掌握全貌，精準買對又買夠

　　讀到這裡，若你知道保險不能不買，已經勝過許多人了。可是面對這麼複雜的保障險，該如何開始呢？很多人都是看媒體、聽朋友說、或聽保險顧問介紹。但這些多只談單一產品，並非全貌。如果你一直這樣買，最後你將發現兩個問題。一是買錯了，買的不需要、需要的卻沒買。二是買多或買少了。那要如何買對、買夠呢？我的解決方法是一張保障險「配置母表」！

　　先問你，保險規劃裡面一定會有的東西是什麼呢？就只有三樣：保單（險種）、保額、保費！保單要買對、保額要買夠、保費要剛好。對吧？若能把這三者放在一張表、一目瞭然，那不就很方便了嗎？這就是《保障險配置母表》，見摺頁。

　　記得《圖 1-4》全貌圖嗎？母表就是把全貌圖數字化。字很小，但並不複雜。先看表頭，最左邊是類別，分身故、醫療、長照三大類，以及所有核心和補強險種。緊接著險種右邊就帶出第一個重點-保單，到底每個險種要選什麼保單？表內只有兩張保單是終身險，一是終身壽險，當做總主約；二是沒有附約、只有主約的終身型長照險。其他除了定期壽險是 20 年消耗型附約外，全都是 1 年期附約。這樣的配置是最便宜的，可先當做規劃的起點，再根據你的專屬狀況調整。當然，若全都改用終身型、保/還本型，則是最貴的另一個極端。

除了終身壽險外，也可用其他終身險種當總主約，像終身醫療險、終身手術險、長照險等。但此時可能會有幾個問題。一是這些險種能掛上去的附約會變少。二是限額不限齡，限額花光時附約有可能跟著失效。三是不一定可像終身壽險在需求降低時辦理減額繳清，即在不續繳主約保費的情況下，讓附約（仍需繳費）持續有效。最後，重疾 / 特傷險、癌症險、意外險等一次給付的終身險種，須確認給錢結束契約後，附約持續有效方可拿來當主約。

預算較緊時，也常用定期險當總主約，最常見的是用定期壽險。但要注意，到期後，底下的附約也會跟著失效（除非有買「附約延續權」）。故若用定期型當總主約，雖比終身型便宜，但務必隨時掌握所有附約的續保條件，適時因應。

表頭再往右邊看，就是第二個重點 - 保額。這裡的壽險、重疾 / 特傷險、一次給付型癌症險，都用 100 萬。這樣以後規劃的時候就方便了，譬如保額 600 萬，只要把母表的保費直接乘以 6，就可得到 600 萬的保費了。另外，意外險的保額用 1,000 萬、失能險用 500 萬，因為這兩者俗擱大碗，故直接從這樣的高保額出發，若保額比這個低，換算就可得到保費。譬如意外險只買 200 萬，則把母表的保費乘以 0.2（＝200/1,000）即可。長照類保額月領 5 萬也一樣，若你買月領 10 萬的，就把表內保費乘以 2 就好了。至於醫療類的保額，列的是《表 1-2》的最低參考保額，你可用這個當做起點，若體家職風險偏高或預算充裕的話，就多買一些保額。

表格最右邊是第三個重點 - 保費。表中這些數字都是我從保發中心資料庫選取特定保單、取整數而得，但隨著利率和平均餘命的變動及各保險公司經營狀況，隨時都可能會變，故只能給你大概的

方向，不能當做確定的保費數字。只要誤差不大，你有感覺後，再找保險顧問報價，就不會太離譜了。提醒一下，失能險除了表中的職業別訂價外，也有依性別年齡的訂價。還有，表中的保費只列到50歲，再老的人，請直接找保險顧問報價。一來因為50歲後，保費會因你的病史和當時的體況而有較大差異，甚至加費承保或拒保的機會亦大增，直接找保險顧問報價較準。二來，50歲後，保障險和投資錢孰輕孰重，跟你當時的資產多寡和體況息息相關，不能一概而論。三來，50歲後就有老人保單、小額終身壽險可買，亦可另外評估。

　　這個母表是保障險規劃的起點。你可從中挑選所需的資訊，初步做出你自己的配置，然後再找保險顧問討論。若還嫌麻煩，可直接從第二部的感恩、實惠、救命等三大「心安配置」，在預算內擇一出發。這樣，就簡單了。

　　面對那麼複雜的保險，有了這個母表，心，安定多了。

第二章 保險更準
理財險，儲蓄投資、還本領息

　　想要比定存高的利率，買儲蓄險好嗎？投資型（變額）年金到底是投資還是年金？

　　「保險準，投資穩」是心安理財的手法。然保險要準，務必記得先保障險，後理財險！一定先買對又買夠保障險對抗無常，還有餘裕方可考慮理財險。保障險是用小錢買大保障，並非為了儲蓄或投資。理財險則剛好相反，不太重視保障，較重視儲蓄投資、還本領息；平時沒事可能領點小錢，一旦解約出場或身故，就把剩下的本錢及獲利（若有的話）一次拿走。

第一節 什麼是理財險？

　　近年利率太低，定存族到處找尋替代品，強調報酬率有機會高於定存的保險於是應運而生。其實只要活著可以領錢的保險，多少都有理財的成分。但這裡要說明的理財險，指的是被設計得很像定存或配息基金的保險。我整理保單後，覺得把理財險分成三組兩類，就容易懂了。

《圖 2-1 理財險可分三組兩類》

高利率時代 還本型		低利率時代 儲蓄險		任何時代 投資型	
固定年金	還本壽險	壽險型儲蓄險	利變年金型儲蓄險	投資型年金	投資型壽險

類定存：沒事不領錢＋一次拿大錢

類配息：分期領小錢＋一次拿本錢

　　高利率時代，固定年金及還本壽險一次鎖定投保時的高利率，然後定期領錢，領個幾年、幾十年！耶。

　　理財險的第一組是高利率時代會大行其道的固定年金和還本壽險。它們用以滾存的高利率，在投保當時便一次鎖定，只要不解約，就一直滾存，即使其後利率走低，也仍坐享投保當時的高利率，這不就像是長達幾年、幾十年的高利定存嗎！回想預定利率高達 7、8% 的 1990 年代，當時買了固定年金或還本壽險的人，如今都有充裕的現金流過好日子，根本不怕什麼年金改革。

　　反之，到了低利率時代，投保後被低利率長期困住，就沒人要啦！難怪 2000 年以來，固定年金和還本壽險幾乎銷聲匿跡。取而代之的是第二組重儲蓄、輕保障的所謂儲蓄險。它多半從壽險或利變年金改造而來，藉著調低保障或拉高利率，去爭取稍高一些的儲蓄本利和。然後再用有沒有先領小錢，分成類定存及類配息兩類。

　　類定存是「沒事不領錢＋一次拿大錢」，即活著、無逝病殘事故時，就沒錢領；要等到滿期、主動解約、身故、或很老拿祝壽金時，才一次把本利和的大錢拿走，這就很像定存。類配息則是「分期領小錢＋一次拿本錢」，平常沒事也領點小錢，譬如本金的幾%，好像配息基金一樣。但因已先領了錢，等到解約或身故時，多半就只拿回本錢（總繳保費），最多再加個幾%。分期領小錢的方式千變萬化，可能每年領或是領幾年、停幾年；最快的第 1 年末就可領，慢一點的要等繳費期滿才領。

　　舉個不太嚴謹的例子，讓你感覺一下「類定存」和「類配息」：

　　你期初躉繳 110 萬，扣完費用 10 萬後，剩下的 100 萬用 3% 滾存 10 年。

　　若是類定存的設計，可能會在 10 年期滿時一次還你 134 萬多（=100 萬 *1.03 的 10 次方）。

　　若是類配息的設計，也許前五年不領錢，然後在第 6 到 10 年之五年期間，先每年給你 2 萬；等 10 年期滿時再一次給你 117 萬（只比總繳保費 110 萬多 6.4%；因先領了小錢，故期滿只還你本錢多一些些），等於全部拿回 127 萬（=2 萬 *5 年 +117 萬）。

　　若在 10 年保障期內身故，也許給個 114 萬，保障倍數僅 1.04 倍（=114/110）。簡言之，重點在儲蓄，保障其次。

　　其實不管有無領小錢，若把你可領的錢全部折現加總，這兩類都很相近。重點是，分期領的多、一次拿的就少，反之亦然。至於最後拿的那一筆本錢或大錢，多半是放愈久、愈晚解約或身故，會愈多；但也有些保單只持平，不會愈晚拿愈多。

　　至於第三組的投資型保單，不論利率高低都會存在，表面上有投資型（變額）年金和投資型（變額、變額萬能）壽險兩種，但後者本質是壽險，須投資勝率夠高夠穩，方可考慮當投資（附錄三）。

　　其實，以上三組理財險，都可把類定存或類配息的特質，設計進保單內，只不過第二組的儲蓄險特別明顯。

第二節 低利率時代的壽險型儲蓄險 「重儲蓄、輕保障」

以前利率高，傳統還本壽險和年金險，每年領到不少錢，不論學費、房貸、養老，都游刃有餘；壽險更有高倍數的身故保障。然 2000 年後，利率低得離譜，它們變得很貴而乏人問津。保險公司窮則變、變則通，就用自己保證的稍高利率，把傳統壽險和年金險的保費儲蓄起來，再分期給你小錢（類配息）或一次給你大錢（類定存）；身故時不再提供高倍數保障，最多只退回總繳保費或保價金（兩者不會差太多），設計出俗稱的儲蓄險。

底下從長怎樣？賺什麼？怎麼用？誰可買？四個面向，先說明壽險型儲蓄險。

壽險型儲蓄險長怎樣？

若想從保單名稱裡找到「儲蓄險」三個字，是不可能的，因為學理上根本沒有所謂的儲蓄險，它多半是壽險或年金改造而來。儲蓄險可能的保單名稱包括：利率變動型年金、利率變動型壽險、終身壽險、終身保險、還本終身保險、還本終身壽險、增額終身壽險、長年期定期保險、養老保險等等。但反過來講，保單名稱有上述這些字眼者，不見得就是儲蓄險，可能只是典型以保障為主的壽險或年金險。

　　所以要如何辨認儲蓄險？不能只看保單名稱，必須看儲蓄險的特徵。事實上，儲蓄險就是低利率時代特殊的還本壽險或利變年金險，只要對照傳統以保障為主的壽險或年金險，便可找到其特徵。本節先談前者，後者下節會說明。

　　傳統的還本壽險以死了領大錢為主、活著還本領息為輔；壽險型儲蓄險剛好相反，較不重身故保障、特別著重活著領錢。

《圖 2-2 壽險型儲蓄險 vs. 傳統還本壽險》

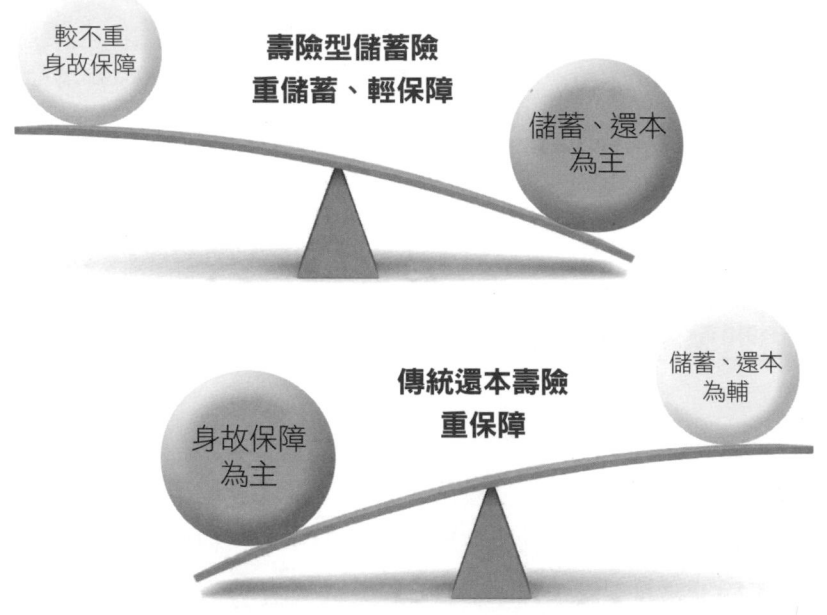

　　壽險型儲蓄險主要特徵如下：

　　重儲蓄、輕保障：儲蓄險最明顯的特徵之一就是死亡給付跟

已繳保費相去不遠。壽險型儲蓄險大多是用終身險或 20 年以上的定期險改造，但刻意把繳費期壓縮在 1~10 年就繳完，以方便你出場。不論繳費期內或期滿後身故，死亡給付都是把已繳的保費加幾%還給你，可說是用自己繳的錢保自己，身故保障倍數僅 1 倍多，跟傳統還本壽險的幾十、幾百倍差很多。由於活著解約和死亡領到的反正差不了多少，無形中你就會想解約把錢一次拿走，此即類定存。若在還沒解約前，分期先給你小錢，就是類配息。有時，身故保障倍數可達到 2~5 倍，但這就需滾存好幾十年，不然就是增額壽險改造的儲蓄險。

增額壽險是增加身故保額，不是增加儲蓄保費

壽險的身故保額是你死了給別人領的錢；儲蓄保費（見 P.70 的例子）則是你活著自己領的錢。差很大！

增額壽險是用某個 %、可高到 6%、10% 甚至 20%，逐步增加身故保額。要注意這個 %，並不是儲蓄險用以滾存的利率喔！有些儲蓄險的糾紛就是業務人員不小心或故意讓保戶誤以為這個高的 %，是拿來給儲蓄保費滾存的利率。有時你會聽到 3% 複利增值、6% 年年增值、保證永不降息等等之類的說法。要小心，這多半是針對身故保額，不是儲蓄保費。

費率差別很小：這是最明顯的特徵之二。儲蓄險男女老少的保費差距非常小，甚至完全一樣。這是因為保費大多都拿去儲蓄，而不是買保障；且死亡給付只是用這些你繳進來儲蓄的錢去保你自己，跟性別、年齡、體況都無關。也就是說，壽險的男女老少保費差距愈小、身故保障成分就愈少、儲蓄成分就愈多，就愈不像壽險，

而愈像儲蓄險。

七、八十歲都可投保：這是最明顯的特徵之三。一般終身壽險 55 歲以後就買不到了。但儲蓄險因為是用你的錢去保你的身故，老一點也就無所謂了。

通常不需體檢：這是最明顯的特徵之四。因為死亡給付跟總繳保費差不多，等於就是把你繳的錢還給你，保險公司沒有太多額外風險。通常只需填寫被保險人告知事項，說明健康正常且無既往病史即可。但若保險公司認為有必要，那就仍需體檢，經保險公司同意後方可投保。

繳費期間比傳統還本壽險短：除了躉繳外，以繳費 2~10 年最常見，比傳統還本壽險動輒 15~30 年短很多。這是因為要把它設計得像定存，而定存最長就 3 年，所以都會在主管機關的管制範圍內，盡量縮短。

等幾年解約就不會虧錢：前幾年的保費會被收取費用，所以常要等 2~10 年繳費期滿、甚至再過幾年解約才不會虧損，也才開始保本保息。雖然這樣，但仍比傳統壽險的 15~30 年好很多，傳統壽險前幾年也會收不少費用，繳費期內解約幾乎一定會虧損。（真正的定存提前解約僅利息打折，本金不會虧。）

也有台幣和外幣保單：當美元、人民幣、澳幣等外幣的利率高於台幣時，滾存的本利和也會較多，此時這些外幣儲蓄險就會大行其道。但外幣保單一定會有匯率風險，幾年後解約換回台幣時，變得更多或更少都有可能。

壽險型儲蓄險賺什麼？

直覺的答案就是：「賺到高於定存的利息，不是嗎？」這裡包含兩個要件，一是高於定存、二是賺到。

如何判斷是否高於定存？這有還本率和 IRR（Internal Rate of Return；內部報酬率）兩個觀念。類定存和類配息產品常見的手法是，用高於定存的還本率讓你誤以為是利率或配息率，並覺得打敗定存。還本率又稱領取率，是「每期領的錢÷總繳保費」，常會設計得比定存利率高，這也是你最易被誤導之處。

儲蓄險真正的報酬率是 IRR

其實儲蓄險真正的實質報酬率是 IRR，它是逐筆考慮不同時點收支流量的報酬率。可請保險顧問算給你，附錄五也有詳細說明，這裡我只說觀念、不談計算。最直白的觀念是：愈晚繳費、愈早領錢，對你愈有利，IRR 就會愈高。（當然是這樣，不是嗎？）

晚繳：其他條件都一樣的話，分次（慢慢）繳費的，會比一次（立刻）躉繳的 IRR 高。譬如一次躉繳 180 萬、滿 10 年解約出場，則這 180 萬整整滾存了 10 年；而若分 6 年慢慢繳，第一筆 30 萬滾存 10 年、第二筆滾 9 年，……到第六筆只滾了 5 年，滾存的總時間因為分散延後而變少，當然就需要更高的報酬率，方可滾出跟躉繳一樣的本利和。

早領：其他條件都一樣的話，分次（提早）領小錢、（最後）再拿一筆錢，會比前面都不領錢、（最後）一次拿大錢的 IRR 高。譬如滿 10 年後才解約拿大錢 M 出場，則這 10 年間都沒有

> 拿到任何小錢享受。但若第 2~9 年每年都領些小錢，滿 10 年再
> 解約拿大錢出場，如果全部領到的錢合計也有 M 的話，此時你
> 提早享受了那些小錢，等於拿到高一點的報酬率。

第二個要件是賺到，此時耐心是關鍵！所有保險在投保時都會被扣一些附加費用，有死亡給付者每年還要再扣危險保費，儲蓄險也不例外。故在利息還沒把被扣的錢補回來之前，解約是會虧的！多數情況下，至少要等到繳費期滿、甚至期滿後 1~5 年解約，才不會虧到本金（總繳保費）。等利息完全彌補被扣掉的錢後，IRR 才會開始由負轉正、逐步攀高；再過幾年，才會真正高於定存。總之，儲蓄險要耐心放好幾年，方可不虧、並進一步賺到高於定存的利息。

例 e.g. 儲蓄保費 = 總保費 - 附加費用 - 危險保費

你躉繳 100 元買壽險型儲蓄險，預定利率 3%（高於當時定存的 2%），壽險的附加費用 5 元、危險保費 2 元。

你以為：1 年後有 103 元、2 年後有 106.09 元（=103*1.03），3 年後有……

實際上：你繳的總保費 100 元裡，只有 93 元（=100-5-2）真正用 3% 在滾存生利息。1 年後變成 95.79 元（=93*1.03），2 年後 98.66 元（=95.79*1.03），3 年後 101.62（=98.66*1.03），此時方首度超過你繳的保費 100 元，也才開始獲利。

上例的預定利率 3% 高於定存的 2%，但因儲蓄保費 93 元小於總保費 100 元，故前幾年解約出場的 IRR 不只是低於定存，而且還

是負的、會虧錢！要放幾年後 IRR 才會追上投保時的定存利率 2%，然後假以時日再慢慢超越，示意圖如下：

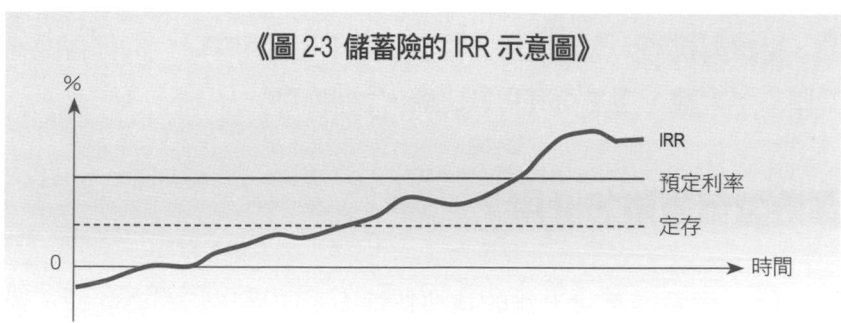

《圖 2-3 儲蓄險的 IRR 示意圖》

　　儲蓄險報酬率本就不高，所以保費折扣很補。金融機構轉帳、集體彙繳、刷信用卡繳、高保費等提供的 1~4% 折扣，對報酬率之貢獻顯而易見。還有，躉繳最便宜，年繳、半年繳、季繳、月繳會愈來愈貴，相差最多可達 5% 以上。

　　所以，賺什麼？結論是，儲蓄險有耐心就可賺到高於定存的利息，但就算賺到，也賺不了大錢，因為：

　　一、儲蓄險多半有類配息之設計，但這樣先領走一些錢，就降低了最後那一筆大錢的複利效果。

　　二、儲蓄險賣得愈好，主管機關管制愈多，使得要獲利出場的解約年期愈來愈長、IRR 也難以進一步拉高。這是為了避免保險公司虧損，或是同時到期、大量解約，導致保險公司流動性不足。

　　三、若未來利率走升，高過你手上儲蓄險的預定利率或宣告利率，你就少賺了。

　　儲蓄險是低利率時代的特殊產物，然則，未來若利率高到 5%

以上，儲蓄險的本尊-傳統還本壽險或年金險-可就是好寶貝了！它們可在投保時便一次鎖定後面幾年、幾十年的高利率，確保持續穩定的高報酬和現金流入，這就成了很棒的保命錢、也很接近投資錢，足以對抗活太久的風險。然話說回來，低利率時代的儲蓄險就算賺不了大錢，還是有其可為之處，說明如下。

壽險型儲蓄險怎麼用？

你怎麼看儲蓄險上述的這些特性：「前幾年解約會虧錢、耐心多放幾年才會賺到稍高於定存的利率、身故最多保本而沒有高倍數保障」？你若覺得都是缺點，那大可不必購買。然而，若從另一個角度思考，低利率時代，儲蓄險的真正價值不在保障，而在保全資產的功能：

一、**強迫儲蓄**：不繳費就會失效，所以可強迫存錢，特別適合月光族。其次，前幾年解約會虧損，就不會拿出來，反而因此遠離誘惑，避開亂花錢、亂投資的陷阱。

二、**當類定存**：放個幾年就可賺到高於定存的利息。

三、**用類配息去建立現金流**：可支應生活費、房貸、學費、退休金、孝養金等各種定期的開銷。然目前利率低，每期若要領到夠用的錢，保費將會很貴，故僅需建立最低需求的現金流即可。這一點，壽險型儲蓄險就不如許多配息基金以及下節談的傳統年金或年金型儲蓄險，因為年金沒有壽險成分，不必扣危險保費，累積期滾存的儲蓄保費較多；年金啟動後又無法解約，保護現金流的能力很強。

　　四、基於上述保全資產的功能，**把儲蓄險拿去搭配投資錢**，就成了穩健投資第三、四法，見第四章。

為什麼保全資產的功能在低利率時代特別突出？

　　高利率時代的傳統還本壽險名為還本，但不只 15~30 年的繳費期內解約會虧，而且活著領到還本的錢多半都少於總繳保費。亦即活著的時候，不易保本保息；若要賺錢、除非死掉；也就是，保你的少、保別人的多！

　　反觀低利率時代的儲蓄險，因重儲蓄、輕保障，反而你不用死、活著就能保本保息；也就是，保你的多、保別人的少！這就大大強化了保全資產功能，成了強迫儲蓄、搭配投資錢的絕佳平台。

　　最後，在稅的方面，若能妥善規劃，壽險型儲蓄險亦可發揮相當程度的節稅效果而保全資產。本書不討論保險稅務規劃，有需求者請找會計師或保險顧問。在這裡，我只想提出兩個原則，讓你聽得懂這些稅務專家講的話。原則一，只要是出錢的人自己領，就不會有任何稅的問題（哈，這不是廢話嗎）。反之，若是 A 出錢、B 領錢，就可能會有稅跑出來。原則二，即使被納入課稅，也不一定課得到，因為很多都有免稅的條件 *。

　　記得，稅的東西，做錯了比不做還糟糕，不要道聽塗說，亂

註：譬如一年贈與不到 220 萬就免贈與稅；被繼承人死亡時，給付其所指定受益人之人壽保險金額不計入遺產總額；受益人與要保人非屬同一人之人壽保險及年金保險給付中，屬於死亡給付部分，一申報戶全年合計數在 3,330 萬元以下者，免予計入基本所得額，超過 3,330 萬元者，其死亡給付以扣除 3,330 萬元後之餘額計入基本所得額。

做一通。保險的稅務，跟要保人、被保險人、受益人的安排息息相關，稍有閃失就天差地遠，不可不慎。

壽險型儲蓄險領的錢，要課稅嗎？

活著自己領：A 出錢買，A 自己領，什麼稅都免。（A 是要保人，也是受益人）

活著別人領：A 買 B 領，A 有贈與稅的風險，B 有所得稅的風險（A 是要保人，B 是受益人）。譬如你（A）孝順，出錢買儲蓄險，配出來的錢都給父或母（B）領。

死了別人領：若 A 生前有指定 B 為受益人，則免遺產稅；若未指定受益人，則死亡給付由所有法定繼承人均分，須列入 A 的遺產計算遺產稅。

從稅的角度看，萬一身故，壽險優於投資錢

投資錢是遺產，若金額大到需繳遺產稅之門檻，則可能無法足額留下去（粗略講，至少要 1,500 萬以上才會被課到遺產稅）。譬如本來準備給子女留學或國外置產的錢，若臨時變少，影響就很大。

有指定受益人的壽險死亡給付免遺產稅；若少於 3,300 萬也免所得稅，因而足額留給受益人的機會頗高。

壽險型儲蓄險誰可買？

先說說誰不適合買儲蓄險。首先，若想賺大錢，請用投資錢，而非儲蓄險。其次，保命錢和保障險還沒配置完成者，絕不可買儲蓄險。還有，收入不穩定，沒有把握繳完保費者，也不適合。因為

保費沒繳，保單就會失效。最後，意圖用保單養保單者，更不可買儲蓄險。這是指把先買的保單解約，去繳後買的保單。這樣不但壓力很大，且早出場、賺很少（搞不好還虧），萬一斷鏈，更會賠一屁股。

下面幾種人可買儲蓄險：

一、清楚知道為什麼要買儲蓄險的人，可買。你看中的是比定存高的 IRR ？還是保全資產功能？或是想搭配投資錢去執行第四章的穩健投資第三、四法？

二、認同還本率、解約金不必愈高愈好，而是只要合乎自己需求就好的人，可買。每個人都會想，最好保費低一點、領的錢多一點、早一點、解約不虧損出場的期間短一點。但天底下哪這麼好的事？須知千變萬變、折現總額不變！各家設計保單的實質利率不可能差太多，故不管早領、晚領、有小錢、沒小錢，只要自己覺得心安，就是適合你的好保單。

三、預期低利率將持續很久的定存族可以買。因為保單的利率通常都會高於投保當時的定存利率，故儲蓄險放久了，IRR 總會超越的。

四、外幣儲蓄險適合有該外幣需求者，譬如幾年後國外置產或留學所需的資金。但你若無外幣需求，而是看上它較高的利率，那你就須認清，未來換回台幣時會有匯率風險，並願意承擔。

五、未來利率高過 5% 時，任何人都可用力買儲蓄險的本尊 - 還本壽險或年金險。

一個小提醒，買了儲蓄險後，若定存利率走升，高過保單利率時，你可在不虧損時解約出場，直接改做定存。（此時，保險公司

為了防止大量解約潮，通常會把宣告利率也跟著調高到市場水準，你可靜觀其變再做定奪。）

喜歡壽險型儲蓄險的人會說：「強迫自己儲蓄存錢，不然也是花光光。自己做投資會睡不著覺，乾脆買儲蓄險，心會比較安靜。不但遠離誘惑，且多放幾年就比定存好，萬一身故還可保本或領更多，很好啊！」

批評的人會說：「要身故保障，買儲蓄險划不來，應買保障倍數幾十、幾百倍的純壽險！要儲蓄，做一年定存就好，就算提前解約，也不會虧到本金；哪像儲蓄險，那麼多年內解約都會虧本！」

　　的確，從保障的觀點來看，儲蓄險是很貴的。但從儲蓄和投資的觀點來看，儲蓄險有保全資產功能，搭配投資錢更可 1+1>2。其實你只要記住，先「保險準」，把保障險買對、買夠；然後把儲蓄險當成資產配置的選項之一，追求「投資穩」。想清楚後再決定買或不買，你就心安了。

第三節 低利率時代的利變年金型儲蓄險「重滾存、輕年金」

除了上節的壽險型，還有年金型儲蓄險，在說明之前，須先介紹年金險，這是對抗「活太久」風險的最佳保險工具。

年金險長怎樣？賺什麼？怎麼用？

首先，長怎樣？顧名思義，年金險就是按年給你一定金額的保險，也有按月或季給付的。當然，在給你錢之前，你一定要先存錢進去。

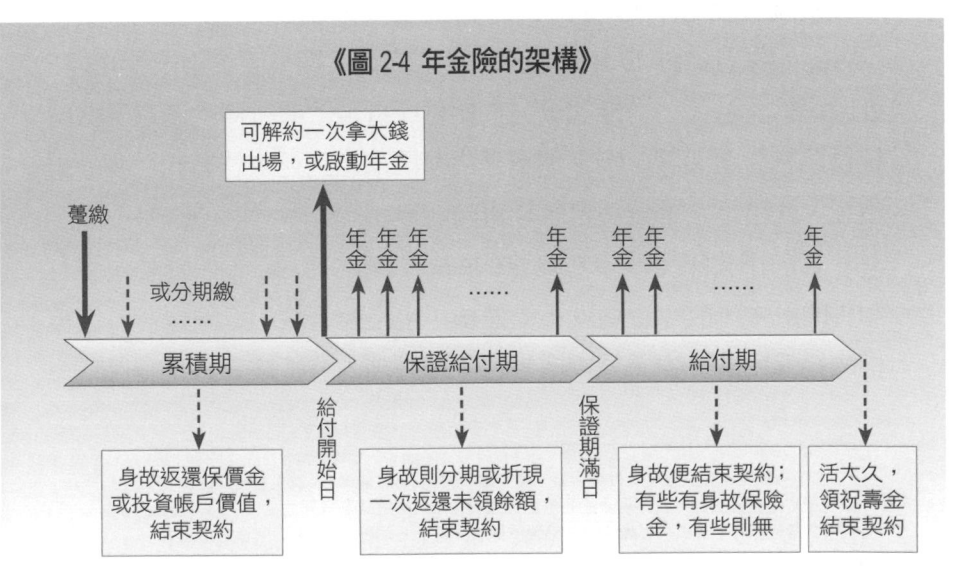

《圖 2-4 年金險的架構》

　　年金險種類繁多，這裡只用上圖說明最常見的遞延年金和即期年金，其差別只在於是否有累積期。

　　遞延年金有累積期、先存後領。你分期或躉繳保費先存，在累積期滾存遞延一段期間後（通常 6~10 年以上），解約領錢出場或啟動年金都可以。若是後者，可在達到約定條件後啟動，譬如退休時、達 60 或 65 歲等特定年齡時、或經過 10 或 20 年等特定年數後啟動。至於滾存的依據，固定年金採固定不變的預定利率，利變年金用可變的宣告利率，這兩者都不會虧，只是賺多賺少而已；而變額年金則根據投資績效，盈虧都有可能。

　　後領的期間就是給付期。啟動年金時，會用啟動當時的本利和、預定利率、平均餘命、保證期間，算出啟動後每期要給你多少年金。最受歡迎的是活多久、領多久（但並非全都這樣），或是可以領到很老（如 99 歲、111 歲等）的年金。但有人就是會想到，萬一沒領幾次就死掉，不就虧大了？故很多年金險就會加上保證給付期。譬如保證給付 10 年，若第 3 年末去世，則後面 7 年未領的錢，就改退給受益人，可能繼續分期給付或折現一次付清；若過了保證給付期後你還活著，則當然還是由你繼續領到死；若老到百多歲還沒死，就給你一筆祝壽金，結束契約。

　　目前市售年金險多無壽險的高倍數死亡給付 *，保險公司沒有額外的風險，故年金險就不需體檢，也沒有壽險的危險保費，你被扣的錢就比壽險少（分期繳者每年扣個幾 %，躉繳者只在投保時一

註：身故時，年金險還是有錢可領，可能是保價金（P.30 觀念 7）或投資帳戶價值（P.85 註），但這些是你自己的錢，並非壽險的高倍數死亡給付。壽險的高倍數死亡給付是你的錢加上保險公司掏的錢。你愈早身故，你繳的保費滾存的保價金愈少，保險公司須額外掏的錢就愈多。

次扣 3%~5%），故儲蓄保費就比壽險多，滾存累積的效果較好。累積一定金額後，便可解約領回或啟動年金。

至於即期年金，沒有累積期、即存即領，其他觀念跟遞延年金都一樣。保費只能躉繳，一年後便化為一期一期的年金，慢慢給你；利用這個年金平台，把現金流牢牢護住，讓你不怕沒錢過日子。

賺什麼？年金險除了在累積期賺利息或投資收益之外，你若活很久，領到的比本來算好要給你的還多，那你就額外多賺了。

怎麼用？年金險有三大用法。第一個用法是年金險的本意，即啟動年金，用源源不斷的現金流支應定期開銷；且活多久、領多久，對抗活太久的風險，心安理得！由於年金一旦啟動，任誰都不能解約、也不能保單借款，包括你這個出錢的要保人都不行，只有身故或很老領祝壽金時才會結束。這讓所有的年金險都成為一個堅不可摧的現金流保護平台，可一輩子遠離亂投、亂花、借貸、詐騙等誘惑，到死前都還有錢可領。

例 e.g. 運用年金險建立現金流

退休生活費：假設 40 歲、離退休還有 25 年，每月存 7 千元買遞延年金，以 2.25% 複利算，25 年後有約 282 萬，屆時若以同樣利率啟動年金、領 20 年，粗略概算每月約可領 1.4 萬多，當成存活的最低水準（財政部公布民國 107 年的基本生活費為 16.6 萬，即每個月 1.4 萬多）。此例 2.25% 屬低利率，若利率高些，效果會更好。

保障新生兒：小孩剛出生，躉繳買保證給付 20 年之即期年金。沒事領來當小孩的奶粉錢；萬一自己早逝，可以給小孩領到 20 歲、順利長大。

　　第二個用法是類定存，累積滾存一段時間後，不啟動年金，直接解約、領大錢出場。當然，若在累積期還可領些小錢，就也是類配息了。在高利率時代，固定年金光用預定利率滾存，就有不錯的本利和，然後解約領出來或啟動年金都很棒，進可攻退可守。無奈近年利率低，致固定年金愈來愈少見。於是保險公司就把利變年金改成重滾存、輕年金的儲蓄險；至於下一節的變額年金，則因強調投資可能賺更多，也跟著順勢崛起。

　　第三個用法跟壽險型儲蓄險一樣，年金險也可搭配投資錢，成為穩健投資第三、四法（第四章）＊。

　　最後，在稅的方面，因無壽險成分，故年金險的節稅空間不如壽險型儲蓄險，當然更不如更高保障倍數的純壽險。年金險之死亡給付是退回本就屬於你的錢（保價金或投資帳戶價值），故須列入遺產課稅。反之，壽險的死亡給付只要妥善規劃，節省遺產稅和所得稅的機會則頗高。

　　有了上述年金險的概念，我們就來看看利變年金型儲蓄險。為什麼利變年金會被改造成儲蓄險？這是因為近年利率低，固定年金滾存效果差到沒人要，只剩利率可變的利變年金。保險公司就拉高宣告利率，並在啟動年金前的累積期，就開始讓你領些小錢，類配息又類定存，搖身一變成了重滾存、輕年金的年金型儲蓄險。

　　註：目前利率低，本書把年金險歸為理財險。未來利率若回到 5% 以上，單獨買年金險便可用較少的保費得到足夠的現金流，有效對抗活太久風險，屆時便可回歸保障險去規劃。

年金型儲蓄險重滾存、輕年金

　　首先，長怎樣？目前低利率時代，其保單名稱一定有「利率變動型年金」這幾個字。你會想，那未來回到高利率時，儲蓄險會是哪一種年金呢？答案是，什麼都不是，可能連儲蓄險都消失了！利率高時，做最簡單的定存、傳統還本壽險或固定年金就夠了，不需要搞這麼複雜的儲蓄險。

　　反過來講，保單有利率變動型年金這幾個字，可能就只是單純的利變年金，而非儲蓄險！利變年金改成的儲蓄險必有三個特徵。第一是重滾存，其宣告利率一定會略高於定存及預定利率。為了促銷，保險公司會想盡辦法拉高累積期滾存的本利和，讓你滾存一段期間後就可解約領回，且最好看起來能（也可能是真的）打敗定存。然而，靠利率拉高本利和，保險公司除了自己保證高一點的利率外，沒有其他辦法！這個高一點的利率就是宣告利率，每年宣告一次，雖然變高變低都可以，但重滾存儲蓄的利變年金多傾向拉高，以利促銷，而這也正是其最大賣點。第二是輕年金。繳費幾年後（如 6~10 年）的本利和會讓你覺得打敗定存而想解約出場，不見得要啟動年金。但獲利到底有沒有打敗定存，小心不要被宣告利率或還本率誤導了，還是要看 IRR 才準。第三個特徵是，跟壽險型儲蓄險一樣，除了類定存外，為了早早讓你有落袋為安的美好感覺，年金型儲蓄險也常會設計成類配息，在累積期就不時給你些小錢，或許主動給你，也或許須提出申請才給你。反過來看，若是單純的傳統年金，利變也好、固定也罷，重點都是要穩穩地複利滾存，然後啟動年金，故通常不會主動先給你小錢，以保住複利效果。有

沒有小錢可領，是年金型儲蓄險和傳統單純年金很明顯的差異。

《圖 2-5 年金型儲蓄險 vs. 傳統年金》

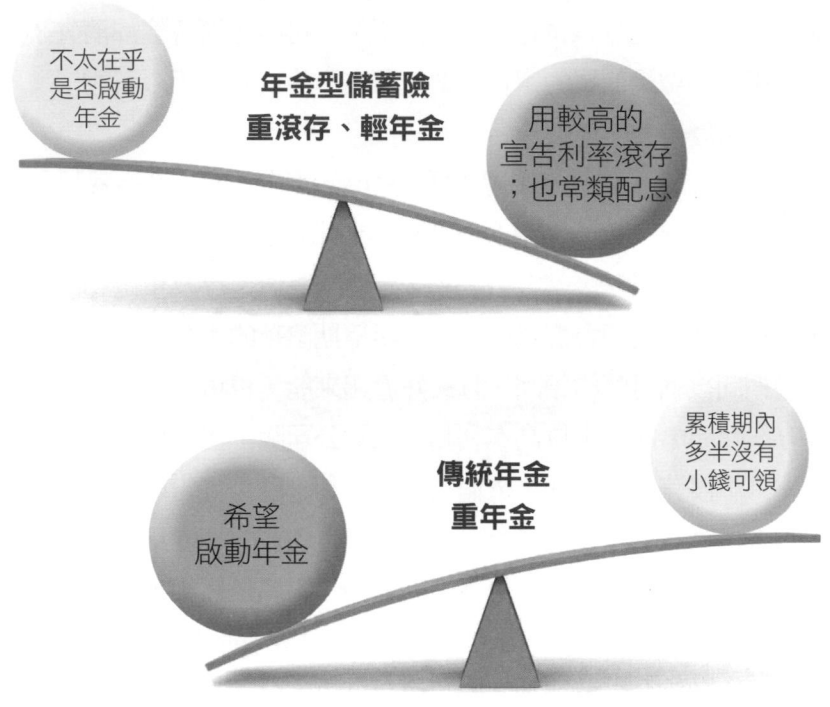

賺什麼？要 IRR 真正賺到高於定存的利息。記得「儲蓄保費 =
總保費 - 附加費用 - 危險保費」嗎？年金險因無危險保費，你繳的
保費扣掉幾 % 的附加費用後，就全部拿去滾存。所以年金型儲蓄
險的儲蓄保費會比壽險型多一些、滾存效果好一些、不虧損出場所

需的年數短一些、IRR 打敗定存的時間也快一些。

怎麼用？上一節年金險的三大用法，全都適用於年金型儲蓄險。你可在累積期享受稍高的宣告利率滾存後，啟動年金，護住現金流；當成類定存 / 類配息；或是搭配投資錢去操作穩健投資第三、四法，更心安。

誰可買？跟上節壽險型儲蓄險說明的都相同。但你若想啟動年金，那麼，任何人都可以買來建立現金流。

第四節 投資型（變額）年金到底 是投資，還是年金？

如前所述，傳統年金是用利率在累積期滾存，利率高就多賺、低就少賺，但絕不會虧損。其中固定年金用不變的預定利率滾存，在利率高時會大受歡迎；而利變年金則用可變的宣告利率滾存，試圖在利率低時，用高一點的宣告利率吸引保戶，如果再不時給些小錢，變成儲蓄險，就會讓人覺得既打敗定存又落袋為安。然宣告利率再怎麼拉高，保險公司也不敢高出市場太多，否則會增加公司虧損的風險。此時變額年金就有吸引力了！捨棄利率、改用投資績效滾存，期待累積期能賺更多，然後解約領回或啟動年金；且只要事先跟保戶講清楚、取得同意，投資風險就讓保戶自己去承擔。

變額年金長怎樣？

投資型年金很好認，保單名稱看到「變額年金」就是了。叫變額是因為它跟附錄三投資型壽險一樣，也有個投資帳戶，其金額會隨投資績效變來變去。

變額年金一定有累積期以便進行投資，所以是遞延年金的一種＊。你繳的保費扣掉費用後，全部進入投資帳戶、盈虧自負。你

註：投資型（變額）年金 = 遞延年金 + 投資帳戶。

可隨時解約拿錢走人，或累積一段期間後啟動年金。若是後者，會用啟動年金當時的投資帳戶價值 *，去計算後面每期的年金金額。

還有，跟年金型儲蓄險類似，也可以做類配息 **。至於身故的處理，觀念跟《圖 2-4》完全一樣。有些變額年金更有保證最低給付，即使投資損失再多，也可在解約或身故時，領到最低保證的金額。當然，你每年就會被多扣幾 % 的保證費用。

變額年金之保費跟變額（萬能）壽險一樣，可分成「該繳的」和「多繳的」兩類；前者必繳，後者隨興繳（附錄四）。費用也分維持費、入場費或出場費三大塊，但其細項和金額都較少，最大的一筆是 3%~5% 的入場費，而且它沒有 1 年期壽險和其他附約的保險成本，不會愈老扣愈多。故變額年金被扣的錢遠低於變額（萬能）壽險，可投資的錢也就更多。當然，若跟直接買基金 1%~2% 的手續費相比，變額年金的費用顯然略高一些。不過，變額年金具有稍後要談的共同基金投資平台、小錢的基金代操捷徑、撥回，還有啟動年金、保護現金流等用法，可提高心安的程度，是否值得多付個 2%、3%，就由你自己取捨了。

投資型（變額）年金到底是投資還是年金呢？其實都是！是年金，因為它具備年金險所有的特性，像啟動前可隨時提領、啟動後可建立並保護現金流等等。也是投資，因為它在累積期做的是盈

註：＊「投資帳戶價值」就是拿去投資的錢，都是你的；須分離獨立管理，跟保險公司其他資金無關，就算保險公司倒閉，你仍可全數拿回。故你須自負投資盈虧，也可隨時提錢（部份提解、解約、保單借款）或加錢。詳附錄三。

＊＊「類配息」在投資型保單叫「資產撥回」或「提解」。不管投資標的有沒有配息、是否賺到，反正整個投資帳戶的錢都是你的，保險公司就設定定期或不定期「撥」一點錢「回」去給你，視同「提」前「解」約領錢。

虧自負的投資，而不是傳統年金由利率滾存、不會虧的儲蓄；且它可投資的錢比投資型壽險更多、更接近投資。更近似地說，變額年金可看成是「類基金」，因為當今投資型保單最常投資之標的，仍以直接或透過類全委帳戶（見次頁）去買賣共同基金居多。（其他較少見之標的譬如直接買普通債券，或 2008 年金融海嘯前盛行的結構式債券等等。）

然而變額年金絕不是壽險，因為它沒有壽險的死亡給付，這也是它跟變額（萬能）壽險最大的差別。後者本質是壽險，不是投資（附錄三）。

變額年金賺什麼？

簡單講，當年金時，活夠久就多賺；當投資時，賺投資收益或領息（撥回）。

首先，變額年金若回歸年金本質，啟動年金，活多久、領多久，那麼只要你活夠久，領到超過保險公司原本算好要給你的期數，後面多領的，就是你額外賺到的。當然，若啟動年金前、累積期內的投資也有賺錢，那就是左右逢源了。

然近年利率太低，換算年金的金額偏低，變額年金便多被當做投資在買賣，只想投資或領息，或當共同基金投資平台、類基金，或當做小錢的基金代操捷徑。當覺得獲利不錯時，便可部分提領先拿些錢、再繼續玩（類似部份贖回基金）；甚至解約一次拿錢出場（類似全部贖回基金）。變額年金解約時拿到的是投資帳戶價值扣除解約出場費後之餘額（變額年金無保價金）。

若你活夠久，變額年金的報酬率會很驚人

譬如你買變額年金 15 年、辛苦賺到平均年化報酬率 6%，累積了 240 萬，然後啟動年金。假設每月領 2 萬，用直觀去算，領個 10 年就把 240 萬領光光。但若你又活了 20 年、又領了 480 萬，前後總共領了 720 萬，換算回去，你早期那 15 年的年化報酬率會高達好幾十 %，這絕非一般投資錢做得到的！

其實只要活夠久、領很多，傳統年金險（固定、利變）也有同樣的效果。

變額年金怎麼用？

把變額年金當年金時，怎麼用？答案很簡單，就是啟動年金，建立現金流！但若想當投資或領息時，用法就多了。

一、可當做共同基金投資平台。本來你直接跟投信或投顧買基金時，一檔至少要 3 千元（券商和少數投信僅 1 千元）；若在銀行買，轉換基金可能還要幾百元的手續費。但變額年金同樣 3 千元，卻可分散選擇多檔基金，它們都是由保險公司過濾精選，方能上架當做連結之投資標的；且一張保單裡常會有數百檔國內外不同公司發行、不同性質的基金；每年在一定次數內轉換基金也可免費。

二、若變額年金投資的是類全委帳戶，則是小錢的基金代操捷徑，這是類似大戶全權委託投信一對一代操的帳戶。代操的門檻不低，法令規定至少 500 萬起跳，實務上基於成本考量，常需幾千萬或上億才找得到合法的專家代操。但類全委帳戶把多人同時買一張保單的多筆小錢，集中成一筆大錢委託投信代操買基金。等於連

幾千元的小錢，都可得到代操的服務，故類全委帳戶可看成是小錢的基金代操，由保險公司幫你跟投信洽談，設計代操的內容，有時甚至會是一般共同基金見不到的產品；而且一張保單可連結一或多個類全委帳戶，委由一或多家投信代操，投資多支基金。這些帳戶可能分保守型、穩健型、積極型，或有各種幣別，你可自由選擇並轉換。保單會多出一筆小小的代操費用，但好處是你不必傷腦筋去判斷高低點、轉換個別基金。你唯一要做的是，選一個由長期績效良好之投信代操的類全委帳戶。

變額年金也可以低買高賣

低買：用「多繳的」保費，在低檔繳錢進去加碼。

高賣：用部份提解、甚至解約，在高檔把投資帳戶裡的錢部份或全部拿出來。

提醒：附錄三的變額（萬能）壽險就不可以把投資帳戶的錢全部拿出來，不然扣不到維持費（含保險成本）的話，整張保單就會失效，先前買的壽險保障全部泡湯！

三、變額年金若連結的基金或類全委帳戶夠穩，也可搭配投資錢，成為穩健投資第三、四法。

四、若想領息（撥回），則是把變額年金當類配息產品。此時，你選的投資標的賺到的最好能大於撥回的錢，儘量不要吃到本金。因為若投資績效不彰，一直吃本金，投資帳戶裡的錢快速縮水，到最後連維持費都扣不到的話，投資型保單就會失效！

配息（撥回）吃到本金好不好？

很多配息基金或有撥回的投資型保單，面對投資人不明就裡的高度期待，便順勢拉高配息（撥回）率，以利銷售。譬如投資標的明明平均只有 2% 的息，配息（撥回）率卻硬拉高到 4%、甚至 6%！這麼一來，當然就會吃到本金！若銷售時未充分告知，淨值一直下跌，便易生糾紛，主管機關也就三令五申，要求業者務必充分揭露。

配息（撥回）產品有兩種。一是配固定的 %，譬如 6%；二是撥固定的金額，譬如 3 萬元。

第一種配撥固定 % 的產品，缺點是每月領到的金額會愈來愈少，最後歸零。這是因為本金逐步被吃掉，每期的本金就愈來愈少，乘以固定的 % 去撥回，月領金額當然也愈來愈少。我算過，若每年吃 3% 本金，則月領金額大約每 23 年會減一半；年吃 4% 的話，每 17 年就會減半。優點是，吃到本金的金額也同樣愈來愈少，故可撐好幾十年、甚至上百年，本金才會被榨乾（但後期月領幾百、幾十元，已無助益）。

第二種配撥固定金額的產品，優點是月領金額固定，可支應每月固定開銷。缺點是每月吃到本金會愈來愈多。譬如每月固定要領 3 萬、年領 36 萬。以本金 600 萬言，若產品本身每年真正賺到的平均是 3%，等於第一年賺 18 萬（=600*3%），另吃掉 18 萬的本金（=36-18）；第二年本金剩 582 萬（=600-18），賺 3% 就是 17.46 萬，仍配 36 萬就會吃掉更多的本金 18.54 萬（=36-17.46）。這樣一直吃下去，約撐 23 年；本金 500 萬則撐 18 年…。若產品本身真正賺到的有 4% 的話，可以撐久一點，600 萬撐 27 年、500 萬撐 20 年。

其實，對退休族而言，配息（撥回）吃到本金，似乎是低利率下的必要之惡，靜心想想，並沒那麼嚴重，理由有三：

（1）以台灣男約 77 歲、女約 84 歲的平均餘命來看，若 60~65 歲退休，平均再活個 12~24 年左右吧。照上面的說明，若投入 5、600 萬、月領 3 萬，每年吃個 3、4% 本金，仍可撐個二十多年，剛好破產上天堂。若你的本金更多，就可撐更久。

（2）若拒絕任何投資，把錢鎖在抽屜裡，然後每個月拿錢出來花，這不就是自己在吃本金嗎？

（3）做點投資，還有機會多賺點，當然，也可能反而多虧；但若不做投資，則一定會被通膨侵蝕本金的購買力。若你是漁夫，出海捕魚可能船難溺斃或滿載而歸，不出海則一定會餓死，你選哪個？

話說回來，對尚未退休、還正努力要靠投資實現夢想的人，不但吃本金不好，而是根本就不應該買配息（撥回）的產品！因為把息拿出來會使複利效果大打折扣，拖累圓夢的速度。

變額年金誰可買？

兩種人可買變額年金，一是當投資的，二是當年金的。

當投資者，是保命錢、投資錢或投機錢，端視你選的投資標的而定。可單買，或搭配投資錢做穩健投資第三、四法。

當年金者，最好選擇穩健之標的，以免績效太差，最後可啟動年金的錢太少。當投資成果不錯且符合啟動條件時，便可啟動年金，建立並保護現金流。啟動年金之後，這張保單就不再做投資了。

最後，我們可用「保障險救急難，理財險保資產」兩句話做個總結。保障險讓我們在遇到逝病殘的急難時，有大錢度過難關。儲蓄險有保全資產功能，也是搭配投資錢去操作穩健投資第三、四

法的好元件。變額年金則可當投資，享受共同基金投資平台、小錢
基金代操捷徑和撥回的好處；也可回歸年金本質，定期領錢。

舊保單怎麼處理呢？

我已經買了不少保險，想要根據本書調整，舊的保單可以
怎麼處理呢？（底下只是大方向，每個方法各有優缺點，實務
上要看保單條款、洽詢保險顧問或客戶服務部門）

免體檢增加保額：有些長年期壽險、儲蓄險可在結婚、生
子、或每滿 5 周年時，申請免體檢增加 10~25% 保額。

善用附約增減保額：只要主約不動，增刪附約的成本會低
很多。

保額太高或保費負擔太重可直接降低保額：降低保額一般
比增加保額容易，但不能低於該保單的最低承保金額。

保額太高或保費負擔太重也可辦理「減額繳清」：保額降低、
期限不變。是不再繳交保費，改用目前的保價金淨額去躉繳，
一次買清後面（較低）的保額，保障期間與範圍都維持不變。

保險期間太長則可做「展期定期」：保額（原則上）不變、
期限縮短。是不再繳交保費，改用目前的保價金淨額去躉繳，
一次買清後面（較短）的保障期限。

善用保單更約權、更換險種：例如定期壽險轉成終身壽險、
儲蓄險轉為純保障的定期壽險、甚至終身壽險轉成醫療險、長
照險或年金險等等。但通常有補繳差額、補辦體檢等手續。

**買錯險種、保費負擔太重、急需用錢時，可部分或全部解
約**：有保價金的保單解約時才會有解約金可拿。沒有保價金者，
最多只歸還未到期保費。

不動：若變動的損失，高於維持現狀的成本，那當然是不
動較好。此時若要調整，只能再買新的保單了。

第三章 投資穩
穩健投資第一、二法；分批進出逢低長抱

　　心安理財的手法是「保險準，投資穩」，前者第一、二章已談過，第三、四章則要說明後者。投資若要心安，情緒就不可隨著市場的漲跌七上八下。然投資方法琳瑯滿目，真有什麼方法可以不理市場漲跌，還能賺到錢的嗎？有的！本書的穩健投資四法，不必猜高低點，不需要高深的投資技巧，人人可做。

　　略懂投資的人都知道資產配置是投資的王道，我在《一生三錢過四關》建議用保命錢、投資錢、投機錢這三筆錢去落實。當你把自己的錢分成這三筆之後，接著就可以用穩健投資四法去執行第二筆錢 - 投資錢 - 的實務操作。

第一節 你有沒有這三筆錢：
保命錢、投資錢、投機錢？

　　三筆錢的原則是「保命錢先存，養活自己；投資錢穩健，實現夢想；投機錢少碰，避免不安」。

保命錢先存，養活自己

　　一般人若沒錢溫飽、連命都不保了，何談心安？保命錢就是要過日子用的，至少包括生活費（含保障險的保險費）和緊急預備金，兩者合計要足以支持自己（全家）3~6個月的生活開支。保命錢應維持充分的流動性，隨時領得到錢；通常放在波動小、虧損機率低的地方；但也賺不到什麼錢，多僅一點微薄的利息。

　　保命錢若能量入而出、分戶管理，便可心安。量入而出是說花出去的錢絕對不可大於賺進來的錢。日常過日子的必要開銷和保費絕對不可用借的！尤其當今信用卡等金融工具太發達，常不小心透支而不自覺，最後甚至成為卡奴。欠錢、透支，如何心安？

　　其次，分戶管理是把保命錢分成兩個帳戶來管理（還可以開第三個帳戶做投資錢）。當月生活費和保費放在活儲，ATM隨時領得到錢；其他的可放在利率稍高的貨幣市場基金或定存。2019年的年利率大約是活儲0.2%、貨幣基金0.4%、定存1%出頭。要用錢的時候，活儲可立刻給你；貨幣基金則是今天申請、明天給你錢；可

直接跟投信或透過銀行購買，台幣一般是 10 萬元開戶。至於定存，利率雖較高，但若提前解約，利息可能打折或全無，故不必存太多，譬如一、兩個月的生活費就好。

保命錢量入而出、分戶管理，隨時有錢養活自己，急用時也有錢周轉，便可心安。

投資錢穩健，實現願望

投資錢波動中等、賺賠幅度中等；重時間（time）、不重時機（timing）；多半長期投資，不追逐短線高低點。本書的「投資穩」，是希望可以做到事先概估幾年後能賺多少，譬如三年賺 15% 或 30%，以利建立財務成長的時間表，滿足未來花大錢的需求。像這樣，合理預估何時大概會有多少錢，心就會比較安定。

穩健投資四法就是建立財務成長時間表的好方法。本章稍後會先說明第一、二法，這也是下一章第三、四法的基礎。

投機錢少碰，避免不安

投機錢波動大，可能大賺或大賠；重時機（timing）、不重時間（time）；試圖預測高低點，短線長線都可能。因事先無法預估何時賺賠多少，故投機錢無法像投資錢那樣拿來建構財務成長的路徑。《一生三錢過四關》第 5 章曾詳細說明，長期下來投機其實很難賺到錢。所以真要投機，最好是拿無關緊要的閒錢去做。賺到了，提早享受人生；賠光了，痛三秒，苦笑一聲，回到原來的理財規劃。

許多人認為基金、股票、債券之類的金融投資虛虛的，買到的只是一張紙，甚至只是電腦上的一筆紀錄，只有房地產才是最好的投資，因為摸得到、用得到，買賣價差巨大，這樣賺才過癮。的確，台灣許多富人都是拜房地產之賜，但我把房地產歸為投機錢，並不適合拿來做為穩健財務規劃的一環。一來，房地產投入金額龐大，並不是每個人都有能力碰。二來，房地產循環太長，一個完整循環動輒二、三十年，無法像投資錢三年 15~30% 那樣，用三年為期來規劃財務成長時間表。三來，萬一套牢，無論是賣不掉或虧本殺出，其龐大金額都將嚴重影響既定的財務規劃。譬如台灣最近一次衰退開始於 1990 年代，長達卜年；而本次從 2014 年開始的衰退期，到目前為止還是沒人敢說何時落底。即使有幸遇到房價上升期，像上一波 2003 年到 2014 年長達十二年的多頭，怎麼買、怎麼賺，但因不知何時可賺多少，還是無法預估財務成長路徑，所以本書才把房地產當做投機錢。也有人想買來收租金，當成配息一樣，定期有錢進帳。本來這是建立現金流不錯的做法，但以台灣過去幾十年的狀況，在考慮折舊、稅賦、空租期等持有成本後，不見得有賺頭；且管理勞心勞力，萬一遇到惡房客或遭受天災地變，更可能損失慘重。最後，若是自住不賣，那更跟投資毫無關係。

另外，未上市股票有些是投資錢，有些則是投機錢。若這家未上市公司長期業績穩定，那麼因為未上市、沒有所謂的市價，單從配息的角度來看，若年年配息都維持相當水準，當成投資錢還有道理。但若買的是虧損或新創企業的未上市股票，純粹是看好其潛力，期待有一天（但不知要多久）可以賣掉大賺一筆，這便是不折不扣的投機錢。有些較有財力的人，會透過創投（Venture

Capital）、私募股權基金（Private Equity Fund）等管道，買入這種標的。他們可以投一筆錢，等個五年、十年，賺了很爽，虧了也無所謂。

總之，沒有三兩三，不要上梁山。除非你是投資高手或閒錢很多，衷心奉勸我們一般人，聚焦做好投資錢，少碰投機錢！尤其短線投機，一定不心安！你可曾見過哪個賭徒心如止水的？

把錢分三筆，保命、圓夢、少投機，方可初步心安。

第二節 穩健投資第一法：定時定額

　　我在《一生三錢過四關》第5、6章談過一些適合投資錢之標的和做法，可歸納為兩大類：不必看行情的定時定額，及低檔買進優質標的並長抱之心安單筆。我在本書把這兩者進一步加上理財險，合稱穩健投資四法，並會在第二部的圓夢規劃中舉例說明。

　　穩健投資四法：一、定時定額（自動停利型更佳）；二、心安單筆（也包括「先單筆後定時定額」的「母子基金複合投資法」）；三、用理財險保住投資錢的戰果；四、用理財險打地基、投資錢起高樓。底下先討論前兩者，後兩者會在第四章說明。

　　要賺錢，一定是低買高賣，投資錢也不例外。然而，低買高賣的難度不小，因為你必須連對兩次，贏的機率只有 1/4（低檔買或賣、對一次，機率 1/2；高檔賣或買、再對一次，機率又是 1/2；兩次都對的機率 =1/2*1/2）。那麼，有沒有比較不怕震盪、勝率較高的方式呢？至少有二，一是定時定額，二是心安單筆，也就是穩健投資四法的前兩法。

　　穩健投資第一法是定時定額。你填表授權給投信、銀行或券商，於你指定的每月的 T 日（定時），從指定的銀行活儲戶頭扣取 M 元（定額；一般 3 千元起跳，少數 1 千元即可），去買指定的基金或個股。早期就是呆呆地一直買，完全不考慮停利出場，後來才進步到現在滿街都是的停利型定時定額。

《圖 3-1 停利型定時定額運作示意圖》

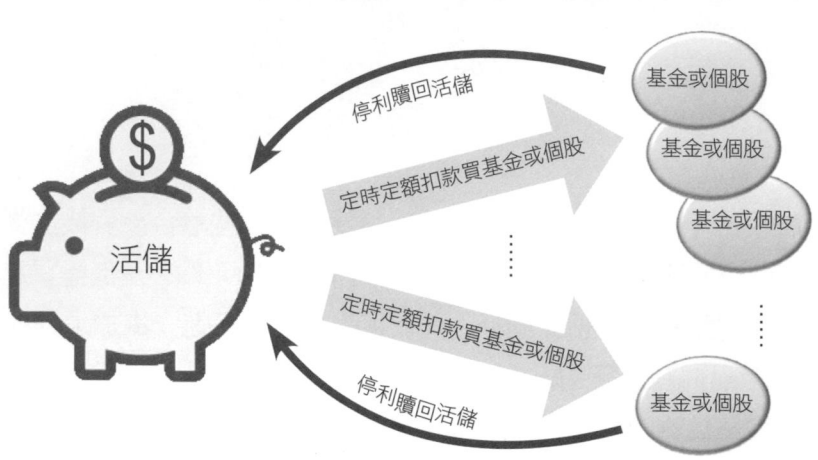

　　定時定額完全不管當時是高或低點，就只閉著眼睛買，為什麼賺錢機會高？因為長期下來，高也買、低也買，在一個上下的循環當中，你得到的是平均成本，有部份時間是虧損、部份時間處於獲利。秘訣就在這裡，只要不是一直下跌、都不漲，定時定額一定會有獲利的時候，你只須在獲利時果斷停利就可以了！哦，你的問題來了：「我若太早停利，繼續漲不就少賺了？若太晚停利，跌回來不就又沒了？這不也是低買高賣的困難嗎？」啊，你是對的！針對這個問題，國內業者二十多年來發揮無比創意，設計出許多自動停利的機制，有自設停利點、依某些技術指標停利、更有機器人理財自動停利者。目的就是為了避免人性的貪跟怕，致錯失停利出場的時機。停利型定時定額隨時都可開始做，而且，很心安！它心安的根源有三：一、分批進場，分散了時間的風險；二、自動停利，克服了人性的貪跟怕；三、若是買基金，更分散了單一個股的風險。

《圖 3-2 定時定額的賺錢原理》

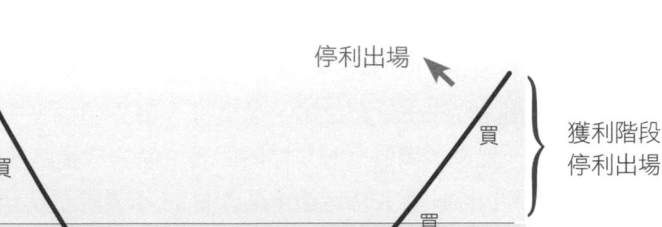

由於定時定額長期獲利機會頗高，故最適合拿來建立財務成長的時間表。我在《一生三錢過四關》提出以每三年賺 30% 為目標。然自 2008 年金融海嘯至今，全球陷入低利率、低通膨、高波動、高風險的惡劣環境，不可思議的負利率橫行數十國，甚至股債的負相關特性也常變成齊漲齊跌，認為三年 30% 的挑戰變難的人愈來愈多。若你較保守，想要調降，那麼三年 15% 應是最低要求，不然就緩不濟急。所幸當今之世，三年 15% 仍很有機會達到。下表提供 30% 和 15% 的本利和，約略指出財務成長路徑的區間。

《表 3-1　三年 30%（或 15%）的「定時定額」成長路徑表》

每月定時定額 1 萬元，若每三年賺 30% 或 15%，經過幾年後的粗估本利和（萬）												
假設每三年賺	第 3 年底	第 6 年底	第 9 年底	第 12 年底	第 15 年底	第 18 年底	第 21 年底	第 24 年底	第 27 年底	第 30 年底	第 33 年底	第 36 年底	第 39 年底
30%	50	110	190	290	420	590	810	1,100	1,480	1,980	2,630	3,480	4,580
15%	40	90	145	205	275	355	450	560	685	830	995	1,185	1,405

本表數字為作者粗估，並未採用正規算法，僅供財務規劃參考；非任何保證，亦不可做為精確計算之依據

例 用《表 3-1 定時定額成長路徑表》存錢圓夢
e.g.

【例】小孩一出生就每月定時定額 1 萬元，到 24 年底時可望會有 560~1,100 萬的高等教育基金。若每月 5 千元就乘以 1/2，得到 280~550 萬元之譜。像這樣，事先預估多少年後會有多少錢，就是所謂的財務供給時間表、財務成長路徑。

【例】若每月定時定額 1 萬準備 15 年後的買房自備款，大約有 275~420 萬左右；若月存 2 萬則乘以 2，可得 550~840 萬元之譜。

【例】26 歲初入職場的年輕人，若能定時定額 1 萬準備退休金 39 年，到 65 歲時可望有 1,405~4,580 萬！就算每月只做 3 千元，乘以 0.3，也有約 421~1,374 萬退休。

面對投資的不確定性，雖然不可能事先掌握一個確定的數字，但有這樣約略的區間，已足以引導我們投資的方向，較為心安了。

第三節 穩健投資第二法：心安單筆

穩健投資第二法是心安單筆。單筆投資要心安的條件有三：低買、長抱、停利。低買是單筆投資心安獲利最重要的成敗關鍵！只要低檔進場（崩盤落底更好），便可立於不敗之地。這也正是股神華倫・巴菲特（Warren E. Buffett）長期賺大錢的首要秘訣。如果又能找到成長性佳之優質標的，長抱、不停利則會賺最多。教科書都教我們要長期投資才會賺錢，而且不要停利才會有完整的複利效果。但在市場的起伏裡，大概只有巴菲特那種人才抱得住且睡得著。像我們這種平凡人，就是會怕、會貪、會心神不寧。所以，若要心安，適度停利是有必要的。可是停利早了就少賺，晚了會倒虧呀！其實《一生三錢過四關》提過簡單的賺兩成賣兩成停利手法，這樣不斷把獲利收回來，即使碰到較大的回跌，也不會太慌，更會有子彈在底部加碼（若賺兩成賣八成，就是先把本錢收回來，這樣一定不怕跌，但若續漲就少賺很多）。這種簡單停利法，會讓你心安許多！

心安單筆除了投資成長性佳之標的外，穩定高息也是一個好選擇。這包含股息和債息。理想是要能穩定每三年配 15~30%（換算年配息率 4.8~9.2%）。若低於 4.8%，就不再是單筆的投資錢，而比較像保命錢，適合搭配其他較積極的投資錢，組成一個三年 15~30% 的投資組合。

心安單筆投資，追求三年賺 15~30% 的財務成長路徑如下。

《表 3-2 三年 30%（或 15%）的「心安單筆投資」成長路徑表》

心安單筆 10 萬元 或其倍數	若每三年賺 30% 或 15%，經過幾年後的粗估本利和（萬）												
		3 年	6 年	9 年	12 年	15 年	18 年	21 年	24 年	27 年	30 年	33 年	36 年	39 年
10	假設每三年賺 30%	13	17	22	29	37	48	63	82	106	138	179	233	303
20		26	34	44	57	74	97	125	163	212	276	358	466	606
30		39	51	66	86	111	145	188	245	318	414	538	699	909
40		52	68	88	114	149	193	251	326	424	551	717	932	1,212
50		65	85	110	143	186	241	314	408	530	689	896	1,165	1,514
60		78	101	132	171	223	290	376	489	636	827	1,075	1,398	1,817
70		91	118	154	200	260	338	439	571	742	965	1,255	1,631	2,120
80		104	135	176	228	297	386	502	653	848	1,103	1,434	1,864	2,423
90		117	152	198	257	334	434	565	734	954	1,241	1,613	2,097	2,726
10	假設每三年賺 15%	12	13	15	17	20	23	27	31	35	40	47	54	62
20		23	26	30	35	40	46	53	61	70	81	93	107	123
30		35	40	46	52	60	69	80	92	106	121	140	161	185
40		46	53	61	70	80	93	106	122	141	162	186	214	246
50		58	66	76	87	101	116	133	153	176	202	233	268	308
60		69	79	91	105	121	139	160	184	211	243	279	321	369
70		81	93	106	122	141	162	186	214	246	283	326	375	431
80		92	106	122	140	161	185	213	245	281	324	372	428	492
90		104	119	137	157	181	208	239	275	317	364	419	482	554

本表數字為作者粗估，並未採用正規算法，僅供財務規劃參考；非任何保證，亦不可做為精確計算之依據

例 e.g. **用《表 3-2 心安單筆投資成長路徑表》存錢圓夢**

【例】小孩 3 歲就心安單筆投資 100 萬元，到 24 歲大學畢業時、過了 21 年，大概有 270~630 萬元的高等教育基金（從表的最左 10 萬，往右對應到 21 年下方，有 27 和 63；因為是 100 萬，故乘以 10 即得 270 和 630）。若只投資 50 萬則為 133~314 萬元之譜（查表最左 50，往右對應到 21 年下方）。

【例】若用心安單筆 10 萬準備 9 年後的海外大旅行基金，約有 15~22 萬左右。

【例】32 歲時心安單筆 100 萬投資 33 年，到 65 歲約有 470~1,790 萬退休金。若期初投入 200 萬，則可期待 930~3,580 萬退休。

　　還有一種很心安的「先單筆後定時定額」的母子基金複合投資法，也叫母子基金自動轉換停利機制。這是先單筆買進一檔相對較穩健的母基金，去取代《圖3-1》定時定額扣款的活儲戶頭，並約定每月扣款金額。然後每個月就從這檔母基金扣款去做定時定額，自動買進事先指定的一至數檔波動較大的子基金。當子基金達到停利條件，就自動贖回出場，回到母基金，這樣子一直循環下去。

《圖3-3 **母子基金複合投資法運作示意圖**》

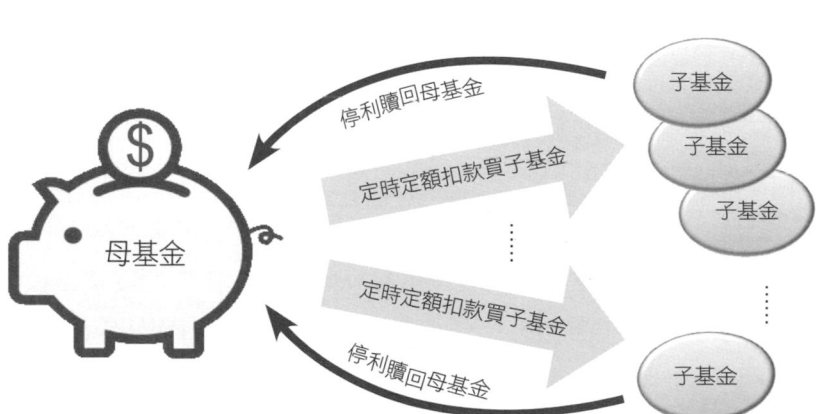

　　母子基金複合投資法不只是進階的心安單筆，更可看做是進階的定時定額。其心安的根源有三：一者，它具備定時定額所有的優點；二者，它同時買很多支不同性質的基金，又分散了市場和基金經理人的風險；三者，可慎選相關性不高的母子基金，做出一個優良的資產配置，既提高報酬率、又可降低風險。這個好方法隨時可進場做，母基金長期年化報酬率只要贏過活儲，就有加值效果。

平常可選擇長期年化報酬率 3%~6% 的穩健基金，像多資產配置基金、穩健的債券基金等等。積極的投資人在股市低檔也許會選積極些的母基金，譬如追求年報酬率 6%~15% 左右的股債平衡基金，這樣子，多頭時母子基金一起上漲，非常補；然要小心，一旦高檔反轉下跌，也可能母子一起跌得鼻青臉腫。所以在股市趨近高檔時，務必要選擇保守的母基金，甚至是年報酬率僅約 0.4%、但原則上不會跌的貨幣市場基金。

我自己在投信十八年的經驗是，十幾年長期投資下來，停利型定時定額大概三年賺 15% 上下；而母子基金複合投資法若母基金夠穩健、扣款期數 24~48 期，則大概三年平均賺 20% 左右（因為環境瞬息萬變，僅供參考，並非保證）。複合投資法可用《表 3-2》預估財務成長路徑。

結論是，投資錢追求三年賺 15%~30%，希望未來一段時間後存夠錢實現夢想。努力尋找成長或高息好標的，去做心安單筆投資是一個方向；而定時定額、母子基金複合投資法則簡單易行、人人可做，更可克服人性的貪怕，不必在漲漲跌跌中追高殺低，搞得心神不寧。面對不確定的明天，用穩健投資四法建立財務成長的時間表，讓自己清楚知道何時大概會有多少錢圓夢，心，就安了。

第四章 投資更穩
穩健投資第三、四法；整合投資和保險

　　把穩健投資第一、二法拿來搭配理財險，便可形成第三、四法。如此把投資和保險整合在一起，形成 1+1>2 的資產配置，你的理財會更心安。

第一節 穩健投資第三法：
用理財險保全投資錢的戰果

穩健投資第三法是先做投資錢、再做理財險。

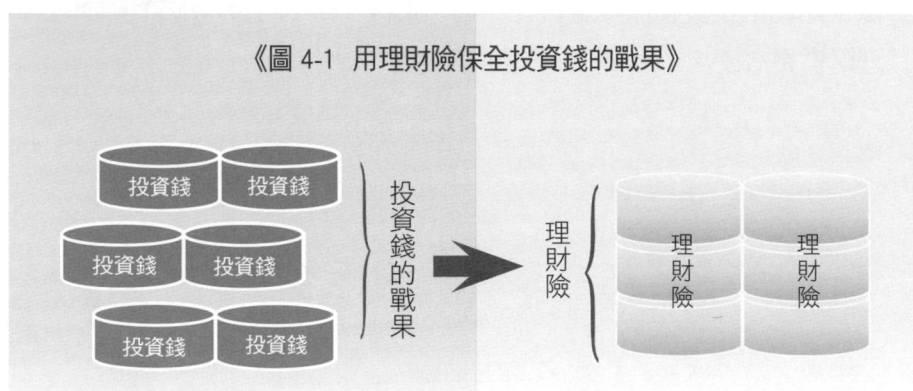

《圖 4-1 用理財險保全投資錢的戰果》

首先是用儲蓄險保全投資錢的戰果。三年賺 15%~30% 的穩健投資第一、二法可拿來準備子女教育金、退休金等需長期複利的大錢。但萬一要用錢時剛好市場崩盤，套牢無法出場呢？總不能跟孩子說：「機票我先買，學費和生活費等股市回升再匯給你」吧？

投資的流動性佳，可靈活進出，但也因而易受誘惑、失去紀律。儲蓄險的流動性差，卻正好可用以保全投資錢戰果。若分階段把投資錢賺到的本利和轉買儲蓄險，則可不畏金融市場的波動、保全投資戰果，同時還可賺些利息。

譬如小孩一出生就開始定時定額存留學基金，13、14 歲時可

把本利和拿出來，轉買美元 10 年期儲蓄險保住（同時定時定額仍可持續做），等他 23、24 歲要出國時，這筆錢就剛好派上用場。我自己就是這樣做的。還有，過幾年想到國外置產的人，可把已存夠的台幣投資錢，轉買外幣儲蓄險，過幾年便可直接拿外幣去置產，就不必擔心這幾年間的匯率風險了。被鎖進儲蓄險的投資錢，當然就犧牲了繼續多賺的機會，但相對也避開了可能倒虧的風險。所以最適合已經存夠的投資錢戰果。

　　哪些理財險適合拿來保全投資錢的戰果呢？壽險型及年金型儲蓄險都很好，甚至是單純的年金險也可以。年金型儲蓄險因不虧損解約出場的時間較短，流動性更好，故當你把投資錢的戰果轉進來後，進出的彈性就比壽險型儲蓄險大。另外，也可以用變額年金來保全投資錢的戰果。但此時投資標的就須夠穩，若大起大落，便不適合。進一步想，其實光用一張變額年金，就可以做到先投資、後保全。方法是，一開始你先分期繳保費，並投資大起大落之標的，這樣就等同定時定額（第一法）；或躉繳低買、長抱、停利，做心安單筆（第二法）。然後，等過一段時間累積到一定金額，再一次轉入保守之標的，保全戰果（第三法）。

　　最後，可不可以用變額（萬能）壽險保全投資錢的戰果呢？可以，但前提是投資標的不但要穩，且獲利須在打掉所有費用和保險成本後，還有點賺頭。這個做法的缺點是難度較高；優點是萬一早逝時，壽險的死亡給付免遺產稅和所得稅的機會不小，至少可留下不低於總繳保費（也就是轉進來的整筆投資錢）的一筆錢（保本），參第二章第二節。

第二節 穩健投資第四法：
用理財險打地基、投資錢起高樓

穩健投資第四法是同時做投資錢和理財險。

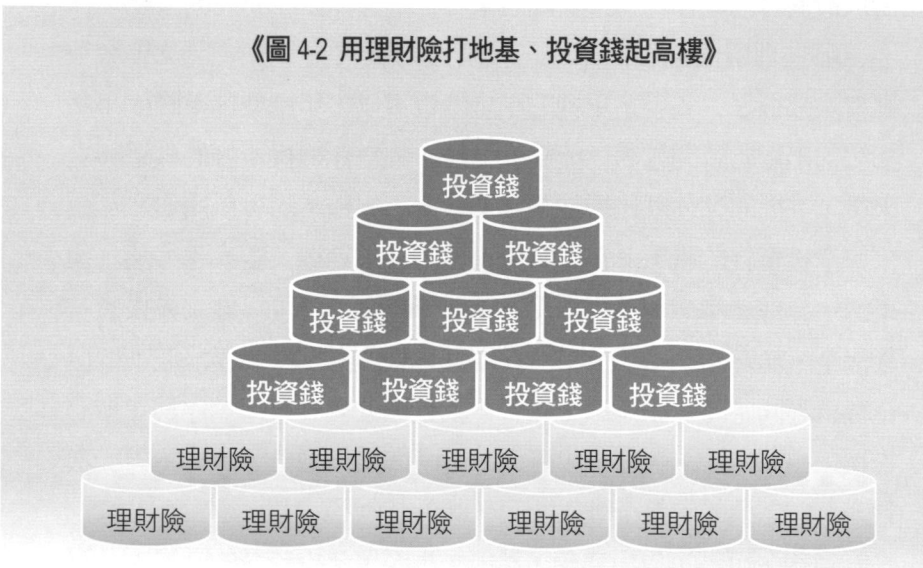

《圖 4-2 用理財險打地基、投資錢起高樓》

第二章談過的理財險中，儲蓄險是地基的首選；若用變額年金的話，則連結之標的必須是低風險的。這樣，就是把確定低報酬的理財險和不確定高報酬的投資錢一起做，得到1+1>2的資產配置。

壽險型儲蓄險有死亡給付，萬一早逝，至少仍可保本，當地基很合適。年金型儲蓄險（或單純的年金險）則因年金不可撤銷，

更是個穩固的地基，非常適合自製退休年金。長久以來，活多久、領多久的年金險，一直是對抗活太久風險的絕佳工具。然目前利率低、保費貴，故用年金險建立的現金流，只要滿足最低需求、餓不死，當地基就好；同時最好再搭配做投資錢、起高樓，若真的多賺，日子就好過一些。想想看，如果你退休後，年金險每個月「確定」會給你一筆錢當地基，支持最低生活所需；然後又有筆投資錢，有機會給你「不確定」的高報酬、起高樓，去過更好的日子。這不就是一個先守再攻、1+1>2 的資產配置嗎？第六章將運用這個手法，讓你自製「心安」退休年金，在動盪的年金改革聲中，心安自保！

儲蓄險＋投資錢，建構心安生活網

儲蓄險的報酬率雖不高，但它可拿到的金額確定性很高，打地基。

投資錢賺賠雖不確定，但只要運用穩健投資第一或第二法，讓「投資穩」，長期便頗有機會多賺一些，起高樓。

還有，類配息理財險領的小錢，也可回頭去做定時定額，進一步強化投資錢。若碰到市場大拉回，更可在跌深的底部解約，整筆轉去做心安單筆。

穩健投資四法講完了。下面的例子給你品味一下：「若你想用 24 年存下至少 500 萬，穩健投資四法期初各該投入多少錢呢？」你若覺數字太多、不想細看，也沒關係，或是只看底色部份就好。

《表 4-1（同附錄二 - 表 8）穩健投資四法之例 -24 年存至少 500 萬》

目標	準備 24 年、存至少 500 萬					
穩健投資四法	（一）、（二）：只做投資錢		（三）：用儲蓄險保全投資錢的戰果		（四）：用儲蓄險打地基、投資錢起高樓 (儘量期末的投資錢：儲蓄險≒2 或 3：1)	
穩健投資四法	（一）定時定額	（二）心安單筆	（三 -1）先定時定額再儲蓄險	（三 -2）先心安單筆再儲蓄險	（四 -1）定時定額＋儲蓄險	（四 -2）心安單筆＋儲蓄險
穩健投資四法			以上的儲蓄險均假設 IRR=3%、躉繳後再一次領			
投資錢 期初投入金額	每月 9 千元	162 萬元	每月 1.4 萬元	193 萬元	每月 6 千元	110 萬元
投資錢 期末本利和	做 24 年約有 504~990 萬	做 24 年約有 502~1,328 萬	做 15 年約有 385~588 萬	做 15 年約有 386~714 萬	做 24 年約有 336~660 萬	做 24 年約有 341~902 萬
儲蓄險 期初投入金額	~	~	第 16 年初，將定時定額之本利和躉繳買儲蓄險	第 16 年初，將心安單筆之本利和躉繳買儲蓄險	同時躉繳儲蓄險 85 萬	
儲蓄險 期末本利和	~	~	放 9 年可達 500~764 萬	放 9 年可達 501~928 萬	放 24 年可達 172 萬	
合計	504~990 萬	502~1,328 萬	500~764 萬	501~928 萬	508~832 萬	513~1,074 萬
計算說明 投資錢	查表，每月 1 萬，24 年底約 560~1,100 萬 0.9*560=504；0.9*1,100=990	查表，投入 10 萬，第 24 年底 31~82 萬 162/10*31=502；162/10*82=1,328	查表，每月 1 萬，第 15 年底 275~420 萬 1.4*275=385；1.4*420=588	查表，投入 10 萬，第 15 年底 20~37 萬 193/10*20=386；193/10*37=714	查表，每月 1 萬，第 24 年底約 560~1,100 萬 0.6*560=336；0.6*1,100=660	查表，投入 10 萬，第 24 年底 31~82 萬 110/10*31=341；110/10*82=902
計算說明 儲蓄險 *	~	~	9 年成長到 1.30 倍；385*1.30=500；588*1.30=764	9 年成長到 1.30 倍；386*1.30=501；714*1.30=928	24 年成長到 2.03 倍：85*2.03=172	

註：躉繳後再一次領，且中間不領小錢；IRR3% 的話，N 年後會成長到 (1.03 的 N 次方) 倍；譬如 24 年後，就成長到 (1.03 的 24 次方)=2.03 倍

實務上，不必用 IRR 計算。不管躉繳或分期繳、有沒有先領小錢，保險公司都會提供圖表說明，第幾年解約或身故出場可拿多少錢

　　24 年存 500 萬，可供子女留學、買房、退休金等等。但是你今天需投入多少錢呢？負擔得起嗎？上表底色部份就是告訴你，每個方法期初需要投入的金額，你可據此選擇你做得到的方法去進行。譬如第一法定時定額，每月做 9 千元，24 年後約 504~990 萬，可達成至少 500 萬的目標。第二法心安單筆，期初應投 162 萬。第三法則先做定時定額 1.4 萬或心安單筆 193 萬，滿 15 年後再轉儲蓄險。第四法是期初同時做定時定額 6 千及儲蓄險 85 萬，或同時做心安單筆 110 萬及儲蓄險 85 萬。你做哪一個會心安呢？附錄二有其他年數及金額的更多例子。

第三節 保障險和投資錢也可互補整合

　　穩健投資四法整合了理財險和投資錢。其實保障險和投資錢也須互補整合，方可心安！

保障險需要投資錢補強四大罩門

　　保障險可救助下一秒的災難，但有四大罩門須靠投資錢補強：

　　（1）不保：定期的醫療類險種多半七、八十歲後就不續保；終身的則是不管幾歲、限額用完就失效。壽險、醫療險、長照三險在太老、體況太差時，及意外險、失能險在職業太危險或 75 歲後，都有可能會被拒保。這些狀況，只能趁早存投資錢，到時自己保自己。

　　（2）不賠：五個長照險種的理賠條件各異，就算全買，也仍無法保證所有的長照狀況都會得到理賠。醫療類和長照類險種則常有限額，賠完就沒了。還有，申請未依理賠規定、除外事項等，也都不賠。最好還是趁早存筆投資錢，手邊有錢最實在。

　　（3）太晚：保障險若年輕時沒買、買不完整或買不夠，到了五、六十歲才想開始買或加買，此時雖仍可斟酌買一些，但也應同時多做一點投資錢。因為不管如何，下一秒的風險仍只能靠保障險，然而，到五、六十歲才買，保費已貴、保障倍數下降，且很可能只保

到七、八十歲，故買到最低水準就好，不必買多。另一方面，這把年紀才開始做的投資錢，如果活到七、八十歲，也還有一、二十年的時間可複利，仍有機會累積可觀的本利和來自由運用。

（4）通膨：身故、醫療給付可能要幾十年後才理賠；年金、長照等分期給付多半也持續十幾年以上。這些長期的錢，都會被通膨吃掉購買力。譬如今天投保 1,000 萬，若通膨 2%、30 年後才理賠，屆時的購買力剩不到今天的 600 萬（=1,000 除以 1.02 的 30 次方）。而若投保同時也做一口投資錢，存個 30 年，就可補足被吃掉的 400 多萬。

準備一筆錢抗通膨

【例】若 30 年後要有 400 萬補足被通膨吃掉的購買力，今天應投資多少錢？

定時定額：查《表 3-1》，若三年 30%，每月投 2 千元即可；若三年 15%、則 5 千元。

心安單筆：查《表 3-2》，若三年 30%，今天投入 30 萬，30 年後可期待 400 萬多一點；若三年 15%，則今天應投入 100 萬。

另一方面，非常保守的人會說：「我不會、也沒時間做投資，更不想扛著投資風險睡不著，那我可做些什麼去補強保障險四大罩門呢？」至少有兩個辦法（都是保命錢，而非投資錢），一是努力充實自己，賺取高薪。二是做存款或儲蓄險。但此時你必須認清並接受，低風險的另一個臉孔就是低報酬。儲蓄的風險甚低，故滾存的速度也非常慢。

儲蓄滾存的速度有多慢？

單筆：用 72 法則（財富倍增所需的年數 ≒ 72 ÷ 年利率）概算。
如利率 1%、翻倍約需 72 年；2% 約需 36 年；3% 約需 24 年等。

零存整付：每年初存一筆 12 萬、若利率 1%、20 年本金共
存 240 萬，本利和只增加到 267 萬；2%、297 萬；3%、332 萬等。

由於儲蓄滾存的速度太慢，所以，非常保守、不願冒投資風
險者，除非高薪或得到一大筆遺產或贈與，不然就必須降低慾望。
不過話說回來，選擇放棄投資獲取高報酬的試煉，去換取心情的平
靜，也是一種很好的生活方式。真正的快樂存乎一心，並非外在貧
富。

投資錢需要保障險護航兩個軟肋

投資錢是用錢滾錢，但有兩個軟肋，只能靠保障險護航：

（1）投資錢需要時間複利：根據三年賺 15~30% 的觀念，投
資錢最好用 3 年、6 年以上的時間去規劃較為穩妥，尤其對於像退
休金、子女留學金之類有可預期時間點的需求，最為合適。這種特
性的反面就是，對於下一秒就可能發生的逝病殘事故，投資錢是緩
不濟急的。這，只能靠保障險！

（2）錢可能還是不夠：譬如用 20 年存了 500 萬，若碰到癌症
可能兩年就花光了。也就是，對於超乎規劃金額或自己能力的大錢
需求，投資錢是捉襟見肘的。這，還是只能靠保障險！

第一部結束了！謝謝你！準備出發了……

回想初衷，你這麼辛苦讀了第一部這些保險和投資的知識，所為何來？是為了運用「保險準，投資穩」的手法，讓理財的過程和結果都可心安，對吧？現在你可回頭看一下第一部最開始的圖，更有感覺嗎？其中的保障險三大「心安配置」，正是第二部心安理財旅途出發時，必做的1組保險。現在，就讓我們一起出發、退休、圓夢！

第二部
踏上心安理財的旅途：
從單身到退休，逐一圓夢

撇開遺產或贈與不談，一個人的理財，最早從他賺到第一份固定收入的那一天就應該出發了！一旦出發踏上理財的旅途後，多少總會有些需要花大錢的夢想，然後就存錢、花錢圓夢、再存錢、再花錢圓夢……，直到退休；然後，還是繼續花錢圓夢……。這裡第二部就要運用第一部「保險準，投資穩」的手法，為圓夢去存錢，為萬一去保險，心安理財。

單身、無房貸是最單純的出發狀態，第一步是先做好第五章要談的1組保險和2筆投資。若你目前沒做，不管你現在幾歲、單身與否、有無房貸，請看完第二部後，趕快去做！這是一輩子的護身符，也是後續逐一圓夢的基礎。

還有退休，除非早逝，不然每個人都躲不掉。顯而易見，退休所需的生活費和醫療/長照，絕對是退休前10~30年就應逐步準備。所以，你出發時才要先做那1組保險和2筆投資。

你有什麼花大錢的夢想？成家、生子、買車、買房、旅行？

心安理財的旅途

出發

● 1組保險 +2 筆投資

圓夢
多一個夢想，多做
一組投資和保險

圓夢
圓夢　　　　　圓夢
圓夢
圓夢　　　　圓夢

退休
自製退休年金
強化醫療／長照
善用信託

許願時，應量力而為、知足常樂。

有多大的能耐、就賺多大的錢、過多大的生活；接
受自己、喜歡自己，不必羨慕別人。人比人，只會氣
死人。最忌諱的是不自量力、好高騖遠。明明月薪 3 萬，
就偏要刷卡 20 萬到歐洲旅遊，揹著負債的陰影去玩，回國
後再當個卡奴，悶悶不樂。反之若好好規劃，花個 3、5 萬到日、韓、
東南亞，沒有財務壓力，心情愉快，更可盡興。

許願後，就可在 1 組保險和 2 筆投資的基礎上，「多一個夢想，
多做一組投資和保險」。也就是，選什麼夢想，就做什麼投資跟保
險；沒選到的夢想，就不理它。談到這裡，讀過《一生三錢過四關》

的讀者會發現，我擴大了 2008 年出版時提出的過四關概念。因為十多年來社會劇變，如今不見得每個人都會想要結婚、生子、買房，反而不婚、離婚、買車不買房、經常出國旅行的人愈來愈多。有人可能還是過四關，但也會有人要過五關、八關，或一關都不想過。

第五章講單身，第六章講退休，必讀。第七至十一章就是一章一夢想，你只需讀你許願的那幾章即可。每章一開始，我都會先給你一張《圓夢表》，然後才說明相關的細節，你一定可以輕鬆掌握。Enjoy ！

你可照著以下的步驟一邊往下讀、一邊逐步架起專屬你的保險和投資。

01 Step ▶ **挑選你的保障險起始配置**

先假設你是單身、無房貸，去進行第五章的 1 組保險。在你初步想要的保障險需求和大概可以負擔的保費金額內，從《表 5-1》感恩配置、《表 5-2》實惠配置、《表 5-3》救命配置這三者中，挑出一個當做 1 組保險的起始配置。

02 Step ▶ **完成 1 組保險**

如果你目前是單身、無房貸，就拿著這個起始配置，去跟保險顧問討論，以你的需求為前提，參考保險顧問的建議，增減保額或補強險種；可進一步參考摺頁的母表，看看有沒有遺漏或重覆。儘量用最少的預算滿足剛好的需求，不必過度保障，因為你後面還需要錢去做投資。假如一家保險公司無法完全滿足你的需求，可多找幾家。

如果你已經成家、或生子、或買房，則再根據第七、八、九章的討論，把你想要新增的保單、保額和保費，疊加到 Step 1

的起始配置之上，然後才拿去跟保險顧問討論。

若你已屆退休，討論的時候可再參考第六章第二、三節。

如此，你就初步完成了最適合你的 1 組保險。

若你還有買車、海外旅行的夢想，請參考第十、十一章，另外估算新增的保費支出。這兩種夢想，除了保險外，也有一些新增投資，所以應跟 Step 4 和 5 一併估算支出。

03 Step 估計你有多少錢可做投資

透過 1 組保險做到「保險準」之後，再來是「投資穩」的部份。

首先，根據理財鐵序，估量你目前有多少錢可一次單筆投入；或是每月/年可拿出多少錢來做投資，每筆至少每月 3 千元。若你做完前面的保險後，已經擠不出這些預算，那就先不要做投資，等收入夠了再做。

切記，先做好 1 組保險，方可進行投資。

04 Step 決定（2+X）筆投資

從第五章的 2 筆投資出發。

如果你是單身，未來也不想成家、生子、買房、買車、海外大旅行，那麼，你餘生只要做第五章的 2 筆投資即可。但若你不是這種情況，而是有 X 個夢想，那就參考第七至十一章，估算每個夢想新增的投資支出。此時，你需進行的投資就有（2+X）筆。

2 筆投資，人人必做；X 筆投資，量力築夢。

05 Step 分配各筆投資的投入金額

根據你期待的圓夢金額，把 Step 3 的可投資預算分配到 Step 4 的（2+X）各筆投資上。然後，拿去跟投資顧問討論，在

預算內選用能讓你心安的方法投資。投資的操作方式，可參第三、四章。

如何分配？你可看看第五至十一章有關穩健投資第一至四法的各種例子，針對每個夢想前後，我都有估算期初投入金額，與最後可期待的本利和區間；附錄二還有更多的例子供參。當然，你也可用《表 3-1》《表 3-2》自行估算。

若你選了第三或四法，把理財險拿來跟投資錢結合，那麼，你最好也找保險顧問再討論一下。

若你已屆退休，討論的時候可再參考第六章第一、三節。

如此，你就開啟了最適合你的（2+X）筆投資。

06 **你心安嗎？**
Step

做完前述保險和投資，你一定很想知道你每個月／每年總共要支出多少錢？《表 5-4》的出發表就是一個範例，它彙整了第五章單身、無房貸者的 1 組保險和 2 筆投資，數字很多，但其實你只要看跟你年齡相近的欄位即可。

比照《表 5-4》的出發表，你也可以把 Step 2 和 5 的金額彙整成一張表，全面檢視你在保險和投資支出的分配。想增加保障險嗎？還是增加投資錢？可增加幾個夢想嗎？還是應該減少？最重要的，你心安嗎？

第五章 出發：1 組保險、2 筆投資 人人必做，尤其單身

　　1 組保險，是在預算內買對、買夠一套保障險的心安配置；2 筆投資，則是準備退休金和未來要補強保障險四大罩門的大錢。不曾（或不再）許願成家的人，必然是未婚、離婚或喪偶鰥寡，這也就是本書所謂的單身。單身是所有人必經的階段，也是某些人終其一生唯一的狀態。這個單身者在還沒（或不再）追求任何夢想之前，就應先做好這 1 組保險和 2 筆投資的理財基礎。若他後來有再許願，那就在這個基礎之上，為每個夢想多做一組投資和保險；而若不（再）選擇任何夢想、單身以終，這 1 組保險和 2 筆投資的基礎，更是他這輩子唯一需要的理財規劃。所以，1 組保險和 2 筆投資，人人必做，尤其單身！

　　保險愈年輕買愈便宜。如果你是 25~40 歲的年輕單身者，就先做好 1 組保險，然後多一個夢想，多做一組投資和保險；並隨著收入增加，逐步提高醫療和長照保額，保障老後。投資方面，年輕人最大的優勢就是時間很多，有很高的機會獲得強大的複利效果！《一生三錢過四關》第 2 章有個例子，甲乙兩人，甲投資 8 年後就不再投任何錢，乙前 8 年都沒投，後面才連投 40 年。48 年後，甲投入的錢和年數都少很多，但最後的本利和居然比乙還多！關鍵就在早投入 8 年的複利效果，遠大於後面連續 40 年的苦苦追趕。所以趁早準備 2 筆投資，幾十年後，就可輕鬆安享老後生活。

　　至於 45 歲之後的單身者，若還沒做 1 組保險，則須好好把握這最後投保的時間。50 歲後就算買得到，保費也會急速變貴，而排擠掉許多投資錢。但若已買好保險，則應拉高 2 筆投資錢的比重，加強準備老後之需。

　　如果當年你單身時沒有做好保險，那現在就應立刻把 1 組保險建立起來。

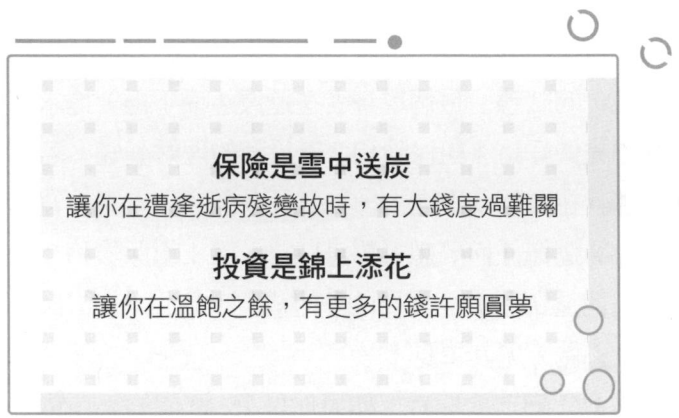

保險是雪中送炭
讓你在遭逢逝病殘變故時，有大錢度過難關

投資是錦上添花
讓你在溫飽之餘，有更多的錢許願圓夢

第一節 保險準：做好「1 組保險」，
　　　　度過這輩子的無常

　　從《圖 1-4》的全貌圖和摺頁的母表，我先配出三大「心安配置」供你參考，從較貴的感恩配置，到中等的實惠配置，再到拮据的救命配置。你可根據目前的狀態，在預算內挑一個當做起點，拿去跟保險顧問討論，在保單、保額、保費三者之間取得平衡，完成你專屬的 1 組保險。若保費高過預算，則減少慾望、降低保額、調整保單，直到保費符合預算為止。再提醒一次，母表裡的保單，大多是最便宜的 1 年期，你若改買終身型或保 / 還本型，保費將會變貴。

　　底下要各用一張圖和一張表，先分別說明單身、無房貸者的三大「心安配置」，第七到十一章的各個夢想，則以這三張單身的心安配置表為基礎，往上疊加即可。不可避免地，表內有許多數字，你可先只看最下方保障險三類總計的那一個總保費就好，初步跟預算比較一下，看是否負擔得起。然後若想深入，再往上看細節。

感恩配置

因為保障很夠，故名感恩。

《圖5-1 1組保險之「感恩配置」圖》

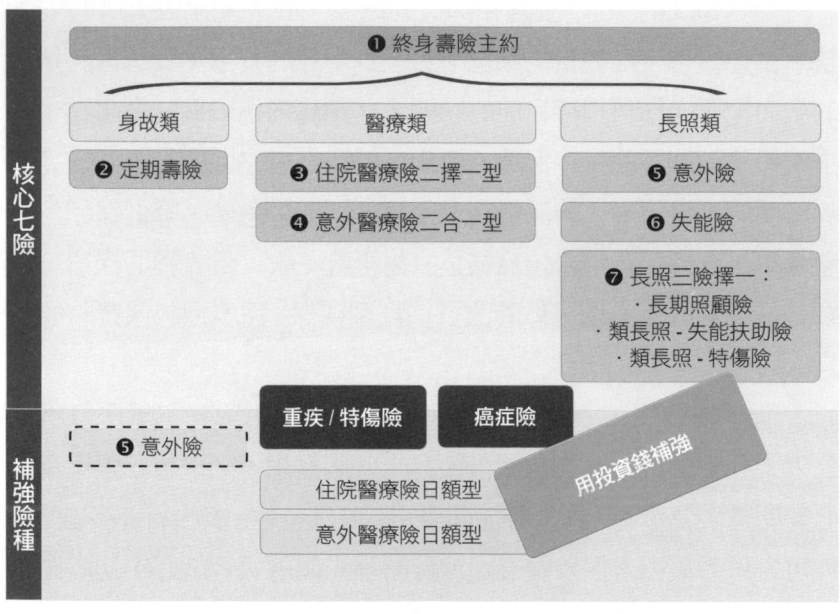

把上圖數字化，單身、無房貸者便如下表。（下面的表5-1、5-2和5-3，有底色的部分代表「不」投保的險種）

《表5-1 例：1組保險（單身）之「感恩配置」表 *》

註：《表5-1》原始資料取自保險事業發展中心商品資料庫的特定保單，表內之保費乃作者換算並取整數而得，僅供概略參考，實際投保費率應以各保險公司核保為準。

類別	險種	保單舉例	給付方式	保額（保障缺口）		參考年繳保費 25歲	35歲	45歲	50歲
身故類 核心	終身壽險	繳費 20 年消耗型主約	一次給付、契約結束	50 萬	男	14,300	18,050	22,250	24,000
					女	12,300	15,650	19,250	21,350
	定期壽險	消耗型 20 年附約	一次給付、契約結束	~	男	0	0	0	0
					女	0	0	0	0
補強	意外險 投資型壽險			（見下面長照類核心） （運用方式較特別，不納入此處規劃，參附錄二）					
核心	住院醫療險 二擇一型	1 年期附約，保證續保到 79 歲	實支實付或日額	實支實付限額：每日病房費 2,000 元 / 醫療費 40 萬 / 手術費 10 萬；或日額 2,000 元	男	3,500	3,500	4,400	8,300
					女	4,500	4,500	4,800	6,600
	意外醫療險 二合一型	1 年期附約	實支實付 + 日額	實支實付限額 10 萬 / 日額 2,000 元	男	職業一類 1,500、二 1,800、三 2,200、			
					女	四 3,300、五 5,200、六 6,600 元			
	重疾 / 特傷險	1 年期附約，保證續保到 74 歲	一次給付、契約結束	100 萬	男	1,700	3,900	9,200	13,500
					女	2,100	3,800	8,000	10,400
	癌症險	1 年期附約，保證續保到 75 歲	一次給付、契約結束	100 萬	男	800	3,000	8,900	13,700
					女	1,200	4,500	12,000	15,800
			分項給付 *3 個單位	癌症住院保險金每日 1,000 元的計畫 *3 單位	男	600	1,800	5,100	7,800
					女	600	2,100	5,700	7,500
補強	住院醫療險 日額型	1 年期附約，保證續保到 79 歲	日額	日額 2,000 元	男	3,400	4,000	4,900	5,500
					女	3,400	4,000	4,900	5,500
	意外醫療險 日額型	1 年期附約	日額	日額 2,000 元	男	職業一類 1,500、二 1,800、三 2,200、			
					女	四 3,300、五 5,200、六 6,700 元			
	手術險	1,455 項手術 1 年期附約，保證續保到 74 歲	保額 * (1~80 倍)	~	男	0	0	0	0
					女	0	0	0	0
	骨折險	附加條款	保額 * 骨折給付 %	~	男	0			
					女				
核心	意外險	1 年期附約	依失能比例一次給付、契約結束	身故 /1 級失能 1,000 萬	男	職業一類 14,000、二 17,000、三			
					女	21,000、四 31,000、五 49,000、六 63,000 元			
	失能險	1 年期附約		1 級失能 500 萬	男	職業一類 2,650、二 2,800、三 2,900、			
					女	四 3,350、五 4,100、六 4,700 元			
	長照險	繳費 20 年消耗型終身主約；最高給付 50 年	分期為主、一次為輔	月領 5 萬	男	20,500	26,500	34,000	40,000
					女	36,000	46,000	58,000	66,500
補強	類長照 - 失能扶助險	1 年期附約，保證續保至身故；保證給付 120~180 個月	分期為主、一次為輔	~	男	0	0	0	0
					女	0	0	0	0
	類長照 - 特傷險	1 年期附約，31 項傷病、保證給付 10 次；保證續保到 75 歲	分期為主、一次為輔	~	男	0	0	0	0
					女	0	0	0	0

年繳保費（元）- 職業一類

（職業二至六類的年繳保費，請參表內金額自行調整）

			25歲	35歲	45歲	50歲
身故類小計	核心	男	14,300	18,050	22,250	24,000
		女	12,300	15,650	19,250	21,350
	補強	男	~	~	~	~
		女	~	~	~	~
	小計	男	14,300	18,050	22,250	24,000
		女	12,300	15,650	19,250	21,350
醫療類小計	核心	男	5,000	5,000	5,900	9,800
		女	6,000	6,000	6,300	8,100
	補強	男	8,000	14,200	29,600	42,000
		女	8,800	15,900	32,100	40,700
	小計	男	13,000	19,200	35,500	51,800
		女	14,800	21,900	38,400	48,800
長照類小計	核心	男	37,150	43,150	50,650	56,650
		女	52,650	62,650	74,650	83,150
	補強	男	0	0	0	0
		女	0	0	0	0
	小計	男	37,150	43,150	50,650	56,650
		女	52,650	62,650	74,650	83,150
保障險三類總計	核心	男	56,450	66,200	78,800	90,450
		女	70,950	84,300	100,200	112,600
	補強	男	8,000	14,200	29,600	42,000
		女	8,800	15,900	32,100	40,700
	總保費	男	64,450	80,400	108,400	132,450
		女	79,750	100,200	132,300	153,300

感恩配置用終身壽險當總主約，先買齊核心七險，再視預算或特殊需求增減補強險種。

身故類：單身者只需準備喪葬費，找個好朋友當受益人，請他幫你辦後事。2019 年的喪葬費一般約需 30 萬上下，這裡的保額 50 萬應該夠了，若你覺得後事簡單就好，也可調降。保單方面，因為保額不是很高，這個單身者的感恩配置就先假設全部買終身壽險，終生不再煩惱。對 45 歲以上的單身者，若收入不錯，這裡每年 2 萬多的保費應該還好。但對收入不豐的年輕人而言，25 歲光壽險、不含醫療和長照就 1 萬多！此時可考慮改買 20 年定期壽險主約，變成下段談的實惠配置，每年最多 1 千元！等 20 年期滿後，四十幾歲收入多一點時，再買終身壽險回到感恩配置也還不遲。預告一下，第七到十一章為每個夢想圓夢時，就會把定期壽險加入這個單身的感恩配置，組成「小買終身壽險主約+大買定期壽險附約」之經典組合（參《圖 1-5》，你若不想用經典組合，而想用投資型壽險規劃身故保障，請參附錄三）。另外，意外險是長照類核心，故做好長照類規劃之後，便可自動補強身故保障。

醫療類：不論老少，最好都先投保上表所列的最低保額，然後隨著收入增加逐步拉高保額，到退休時拉到最高；60 歲後全部醫療險保障應達 200 萬以上。就醫風險高者，保額即使拉高到上表的兩、三倍，也不為過。體家職風險高者，癌症險和重疾/特傷險必買；風險低者，只要擠得出預算，最好也斟酌買一些，因為現代生活緊張，環境汙染太嚴重，罹患癌症和重病者愈來愈多。至於手術險、骨折險、定額型等補強險種，是當你這類風險特別高或預算充裕時才買。譬如年紀愈大、跌倒機率增高時就可考慮加買骨折險。

　　長照類：優先買便宜、保障倍數超高的意外險和失能險，然後在長照三險中挑一種來買，用這三個組成核心。這裡的意外險和失能險合計買到 1,500 萬，很心安（若只買最低參考保額 1,200 萬，每年保費可比上表省 2、3 千元）。長照三險怎麼挑？端看體家職風險。上表乃假設買長照險去保障自然老化的失能失智；這樣搭配保重病、重殘的意外險和失能險，合起來保障範圍最大。另一種思維是，很類似的重疾／特傷險和類長照 - 特傷險，挑一個來買；而若你的殘廢失能風險偏高，覺得光買失能險（通常最多只能買到 500 萬）還不夠，或是你不想為了買失能險，還要再另外找一家保險公司，則就可再買類長照 - 失能扶助險。還有，失能扶助險比長照險便宜非常多，這會是感恩配置可省下最多保費的地方；且女 40 歲前、男約 30 歲前，甚至比一到三類職業的失能險還便宜（但愈老就愈貴了）。

　　總保費：這個感恩配置各年齡年繳保費 6 到 15 萬多。裡面最貴的是長照險，女性更貴，因為活較久，長照風險較高（提醒：長照險只有終身型，若要買繳費 20 年的保單，最晚 45 歲就要開始買，並在 65 歲退休前繳完）。次貴的是終身壽險，換成男性比較貴，因為活較短，早賠的機率較高。感恩配置保障很夠，但保費並不便宜。你應依個人專屬狀況調整，讓保費更有效率，不要排擠本來應該拿去做投資的錢。

　　建完感恩配置後，仍須另存投資錢去補強保障險的四大罩門，這也正是下節要談的 2 筆投資之一。

實惠配置

實惠配置比感恩配置便宜些。

《圖 5-2 1組保險之「實惠配置」圖》

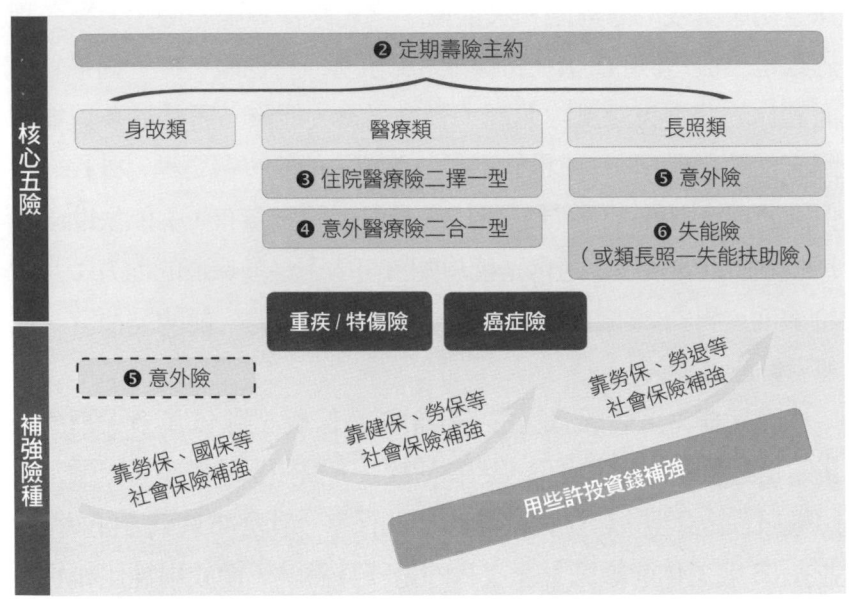

《表 5-2 例：1組保險（單身）之「實惠配置」表 *》

註：《表5-2》原始資料取自保險事業發展中心商品資料庫的特定保單，表內之保費乃作者換算並取整數而得，僅供概略參考，實際投保費率應以各保險公司核保為準。

類別	險種	保單舉例	給付方式	保額（保障缺口）		參考年繳保費			
						25 歲	35 歲	45 歲	50 歲
核心	終身壽險	繳費 20 年消耗型主約	一次給付、契約結束	~	男	0	0	0	0
					女	0	0	0	0
	定期壽險	消耗型 20 年主約	一次給付、契約結束	50 萬	男	1,000	1,950	4,100	6,100
					女	500	1,000	2,150	3,300
補強	意外險			(見下面長照類核心)					
	投資型壽險			(運用方式較特別，不納入此處規劃，參附錄二)					
核心	住院醫療險二擇一型	1 年期附約，保證續保到 79 歲	實支實付或日額	實支實付限額：每日病房費 2,000 元 / 醫療費 40 萬 / 手術費 10 萬；或日額 2,000 元	男	3,500	3,500	4,400	8,300
					女	4,500	4,500	4,800	6,600
	意外醫療險二合一型	1 年期附約	實支實付 + 日額	實支實付限額 10 萬 / 日額 2,000 元	男	職業一類 1,500、二 1,800、三 2,200、四 3,300、五 5,200、六 6,600 元			
					女				
	重疾 / 特傷險	1 年期附約，保證續保到 74 歲	一次給付、契約結束	100 萬	男	1,700	3,900	9,200	13,500
					女	2,100	3,800	8,000	10,400
	癌症險	1 年期附約，保證續保到 75 歲	一次給付、契約結束	100 萬	男	800	3,000	8,900	13,700
					女	1,200	4,500	12,000	15,800
			分項給付 *3 個單位	癌症住院保險金每日 1,000 元的計畫 *3 單位	男	600	1,800	5,100	7,800
					女	600	2,100	5,700	7,500
補強	住院醫療險日額型	1 年期附約，保證續保到 79 歲	日額	~	男	0	0	0	0
					女	0	0	0	0
	意外醫療險日額型	1 年期附約	日額	~	男	0			
					女				
	手術險	1,455 項手術 1 年期附約，保證續保到 74 歲	保額 *（1~80 倍）	~	男	0	0	0	0
					女	0	0	0	0
	骨折險	附加條款	保額 * 骨折給付 %	~	男	0			
					女				
核心	意外險	1 年期附約	依失能比例一次給付、契約結束	身故 /1 級失能 1,000 萬	男	職業一類 14,000、二 17,000、三 21,000、四 31,000、五 49,000、六 63,000 元			
					女				
	失能險	1 年期附約		1 級失能 500 萬	男	職業一類 2,650、二 2,800、三 2,900、四 3,350、五 4,100、六 4,700 元			
					女				
	長照險	繳費 20 年消耗型終身主約；最高給付 50 年	分期為主、一次為輔	月領 5 萬	男	0	0	0	0
					女	0	0	0	0
補強	類長照 - 失能扶助險	1 年期附約，保證續保至身故；保證給付 120~180 個月	分期為主、一次為輔	~	男	0	0	0	0
					女	0	0	0	0
	類長照 - 特傷險	1 年期附約，31 項傷病、保證給付 10 次；保證續保到 75 歲	分期為主、一次為輔	~	男	0	0	0	0
					女	0	0	0	0
年繳保費（元）- 職業一類（職業二至六類的年繳保費，請參表內金額自行調整）			身故類小計	核心	男	1,000	1,950	4,100	6,100
					女	500	1,000	2,150	3,300
				補強	男	~	~	~	~
					女	~	~	~	~
				小計	男	1,000	1,950	4,100	6,100
					女	500	1,000	2,150	3,300
			醫療類小計	核心	男	5,000	5,000	5,900	9,800
					女	6,000	6,000	6,300	8,100
				補強	男	3,100	8,700	23,200	35,000
					女	3,900	10,400	25,700	33,700
				小計	男	8,100	13,700	29,100	44,800
					女	9,900	16,400	32,000	41,800
			長照類小計	核心	男	16,650	16,650	16,650	16,650
					女	16,650	16,650	16,650	16,650
				補強	男	0	0	0	0
					女	0	0	0	0
				小計	男	16,650	16,650	16,650	16,650
					女	16,650	16,650	16,650	16,650
			保障險三類總計	核心	男	22,650	23,600	26,650	32,550
					女	23,150	23,650	25,100	28,050
				補強	男	3,100	8,700	23,200	35,000
					女	3,900	10,400	25,700	33,700
				總保費	男	25,750	32,300	49,850	67,550
					女	27,050	34,050	50,800	61,750

實惠配置的核心剩五險、而非七險，除了意外險（長照的核心）自動補強身故保障外，不再購買任何補強險種。

身故類：直接用 20 年定期壽險當總主約掛上意外險附約。感恩配置提到過，二、三十歲收入不豐的年輕人可以先這樣買，等 20 年期滿，到四十多歲再改買終身壽險，進到感恩配置。至於四、五十歲單身者，20 年定期壽險到六、七十歲到期後，若新保單太貴或已太老買不到，最低限度可買點小額壽險，準備自己的喪葬費，或靠勞保、國保等社會保險的喪葬津貼，約有 1、20 萬元。

醫療類：核心仍是住院醫療險二擇一型和意外醫療險二合一型，但不買感恩配置補的兩張日額型保單，每年可省幾千元。補強主要靠健保（勞保也有日額幾百元的傷病給付，勞保局網站可查詢）。倒是體家職風險高者，重疾／特傷險可在 60 歲前買保證續保的 1 年期，或是繳費 20 年之消耗終身型；而癌症險則以較便宜的分項給付型優先，斟酌買幾個單位。

長照類：只買核心的意外險和失能險，長照三險都放棄。每年可省下好幾萬！這裡意外險 1,000 萬和失能險 500 萬的保額夠高（非不得已，儘量不要調降；若失能險買不到，可換成類長照—失能扶助險），不論疾病或意外造成的輕重度殘廢失能，都有相當的保障，但 75 歲後就不續保，且自然老化、沒病沒殘的失能失智，也保不到。不過也因為這樣，你就更應該遵循健康別冊的心身保健作為，讓自己擺脫病痛的糾纏，心安理得、快樂往生！至於補強的部分，勞退新制在勞工未滿 60 歲卻喪失工作能力時，得提早請領退休金，另外勞保也有失能給付，這些都可上勞保局網站查詢。

總保費：實惠配置的保費很合理。25 歲每年 2 萬多、一天只

要 70 多元，就可買到身故、醫療、長照等上千萬的保障！就算你月薪僅 22K，保費大概也只佔年收入的 1/10，只要願意，一定負擔得起。其他年齡層的保費，35 歲 3 萬多、一天不到 100 元；45 歲約 5 萬、50 歲不到 7 萬，也一樣合理。

若你買完實惠配置後還剩點錢，但不夠買到較貴的感恩配置，那你就先買好實惠配置，把剩下的些許錢拿去另外做投資錢，準備以後補強四大罩門。

這個實惠配置最重要的是長照類，務必買齊、買夠。為什麼？因為手頭緊的人，生病還有健保，但花大錢的長照就只能靠自己買的保險！

收入愈低，愈該買保障險

很多人都說月薪 22K 很低，但其實只要挪出 22K 的 10%~15%、40 歲前年繳 2 萬~3 萬多、一天 50~100 元，就可買到實惠配置上千萬的保障！

還是做不到？那就麻煩你每天喝白開水、跑步運動。為什麼？喝白開水就不用外購飲料；跑步降低吃零嘴和抽菸的癮頭。這樣一天省下的錢就夠了；而且喝水和運動會讓你更健康！

若你不買，萬一重殘，就真的重慘了！

救命配置

只要你有收入、可溫飽，至少也應買到實惠配置。若還是買不起，那最低限度也要買救命配置。

《圖 5-3 1 組保險之「救命配置」圖》

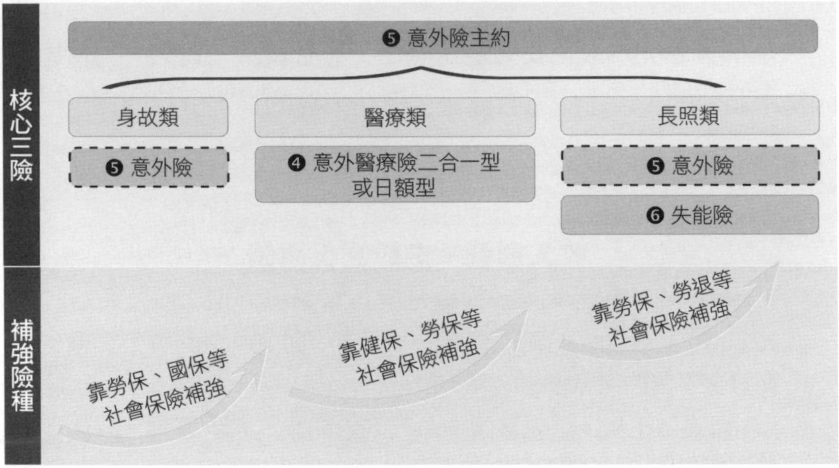

《表 5-3 例：1 組保險（單身）之「救命配置」表 *》

註：《表 5-3》原始資料取自保險事業發展中心商品資料庫的特定保單，表內之保費乃作者換算並取整數而得，僅供概略參考，實際投保費率應以各保險公司核保為準。

類別	險種	保單舉例	給付方式	保額（保障缺口）		參考年繳保費			
						25 歲	35 歲	45 歲	50 歲
核心	終身壽險	繳費 20 年消耗型主約	一次給付、契約結束	~	男	0	0	0	0
					女	0	0	0	0
	定期壽險	消耗型 20 年附約	一次給付、契約結束	~	男	0	0	0	0
					女	0	0	0	0
補強	意外險		（見下面長照類核心）						
	投資型壽險		（運用方式較特別，不納入此處規劃，參附錄二）						
核心	住院醫療險二擇一型	1 年期附約，保證續保到 79 歲	實支實付或日額	實支實付限額：每日病房費 2,000 元／醫療費 40 萬／手術費 10 萬；或日額 2,000 元	男	0	0	0	0
					女	0	0	0	0
	意外醫療險二合一型	1 年期附約	實支實付 + 日額	實支實付限額 10 萬／日額 2,000 元	男	職業一類 1,500、二 1,800、三 2,200、四 3,300、五 5,200、六 6,600 元			
					女				
	重疾／特傷險	1 年期附約，保證續保到 74 歲	一次給付、契約結束	100 萬	男	0	0	0	0
					女	0	0	0	0
補強	癌症險	1 年期附約，保證續保到 75 歲	一次給付、契約結束	100 萬	男	0	0	0	0
					女	0	0	0	0
			分項給付 *3 個單位	癌症住院保險金每日 1,000 元的計畫 *3 單位	男	0	0	0	0
					女	0	0	0	0
	住院醫療險日額型	1 年期附約，保證續保到 79 歲	日額	~	男	0	0	0	0
					女	0	0	0	0
	意外醫療險日額型	1 年期附約	日額	~	男	0			
					女				
	手術險	1,455 項手術 1 年期附約，保證續保到 74 歲	保額 *（1~80 倍）	~	男	0	0	0	0
					女	0	0	0	0
	骨折險	附加條款	保額 * 骨折給付 %	~	男	0			
					女				
核心	意外險	1 年期主約	依失能比例一次給付、契約結束	身故 /1 級失能 1,000 萬	男	職業一類 14,000、二 17,000、三 21,000、四 31,000、五 49,000、六 63,000 元			
					女				
	失能險	1 年期附約		1 級失能 500 萬	男	職業一類 2,650、二 2,800、三 2,900、四 3,350、五 4,100、六 4,700 元			
					女				
	長照險	繳費 20 年消耗型終身主約；最高給付 50 年	分期為主、一次為輔	月領 5 萬	男	0	0	0	0
					女	0	0	0	0
補強	類長照 - 失能扶助險	1 年期附約，保證續保至身故；保證給付 120~180 個月	分期為主、一次為輔	~	男	0	0	0	0
					女	0	0	0	0
	類長照 - 特傷險	1 年期附約、31 項傷病、保證給付 10 次；保證續保到 75 歲	分期為主、一次為輔	~	男	0	0	0	0
					女	0	0	0	0
年繳保費（元）- 職業一類（職業二至六類的年繳保費，請參表內金額自行調整）			身故類小計	核心	男	0	0	0	0
					女	0	0	0	0
				補強	男	~	~	~	~
					女	~	~	~	~
				小計	男	0	0	0	0
					女	0	0	0	0
			醫療類小計	核心	男	1,500	1,500	1,500	1,500
					女	1,500	1,500	1,500	1,500
				補強	男	0	0	0	0
					女	0	0	0	0
				小計	男	1,500	1,500	1,500	1,500
					女	1,500	1,500	1,500	1,500
			長照類小計	核心	男	16,650	16,650	16,650	16,650
					女	16,650	16,650	16,650	16,650
				補強	男	0	0	0	0
					女	0	0	0	0
				小計	男	16,650	16,650	16,650	16,650
					女	16,650	16,650	16,650	16,650
			保障險三類總計	核心	男	18,150	18,150	18,150	18,150
					女	18,150	18,150	18,150	18,150
				補強	男	0	0	0	0
					女	0	0	0	0
				總保費	男	18,150	18,150	18,150	18,150
					女	18,150	18,150	18,150	18,150

　　救命配置只買核心三險：意外險主約＋意外醫療險二合一＋失能險，把有限的保費聚焦對抗長照的無底洞風險。其他保障主要則靠政府的社會保險。

　　身故類：因為只有意外險，沒有壽險，故只有意外身故才有錢領，疾病身故就沒有了。別緊張，還有補救辦法！除了勞保或國保等社會保險的喪葬津貼之外，你也可參加你上班的公司或職業工會之團體保險。這些團保通常會有壽險、住院醫療險、意外醫療險、意外險，甚至是重疾／特傷險、癌症險等；但多半都是 1 年期，且換工作就得重做。

　　醫療類：意外醫療險只保意外、不保疾病，所以疾病住院的醫療就完全仰賴健保和勞保了。跟上面一樣，有機會的話，就參加公司或職業工會的團保。

　　長照類：跟實惠配置完全一樣，靠意外險 1,000 萬＋失能險 500 萬，當做死不掉時救命的最後防線！

　　只買得起救命配置的人，應該無力準備投資錢去補強四大罩門了。老後還好仍有健保、勞保、國保等社會保險的基本保障。台灣真好。

救命配置一天只要 50 元，一個便當錢！

　　保費跟年齡性別無關，一類職業跟壽險公司買的年繳保費僅 1.8 萬，換算每月僅約 1,500 元、一天 50 元。產險公司的意外險和意外醫療險還可再便宜近半，但就不保證續保。

　　若還想降低保費，調降保額是不得已的選項。譬如買意外險

100 萬＋失能險 100 萬＋意外醫療險。一到三類職業，保費一天只要
10~20 元（一年 4~7 千）；即使較危險的四到六類職業，一天也僅
30~60 元（一年 9 千 ~2 萬）。若進一步再把意外醫療險也刪掉，只
做「意外險 100 萬＋失能險 100 萬」這樣最極端陽春的救命配置，
一天只要 5 塊錢，可買到 200 萬保障！就算是靠救濟過活的人，也
買得起。

　　對於在溫飽邊緣努力生活的人，多數都要靠政府提供的勞保、
國保、健保去對抗身故、失能、身心障礙、醫療等風險。至於長照，
政府研議多年，雖仍有不少困難，但拿起電話打 1966 專線，還是
會有專人提供服務。寫到這裡，深深覺得台灣真是塊福地，感恩！

進階的救命配置

　　50 歲之前，1 年期壽險很便宜，可以加到上述的救命配置，變
成「進階的救命配置 =1 年期壽險＋救命配置」。這樣連疾病造成
的身故也會理賠，如果有成家、生子的話，四、五十歲的重擔期就
可得到較多的保障。以 1 年期壽險 50 萬為例，年繳保費約：男 25
歲 700 元、50 歲 2,700 元；女 25 歲 300 元、50 歲 1,400 元。換算下來，
一天只比救命配置多 1~7 元保費。

　　很明顯，單身者的保障險，長照最重要（完全靠自己），其
次是醫療（至少還有健保），最後才是身故（死了也沒牽掛）。單
身不怕死，怕死不掉！請讀健康別冊，多做心身保健，努力降低長
照風險。

根據預算從三大「心安配置」擇一出發，再找保險顧問討論調整

其實，險種的配置何只千百種？實務上你最後買到的，應該不會跟這三大心安配置一模一樣。因為單一公司的產品線不見得齊全，你可能須分開跟幾家投保，所以會出現好幾張主約；也可能該公司每個元件（單一險種）都有，但分類不同，或是一張保單內混合兩、三種元件，譬如從住院醫療險、癌症險、重疾／特傷險、手術險、意外醫療險、甚至骨折險之中，抽出幾個混合起來變成一張保單，名稱可能叫做住院醫療險、手術險或骨折險。所以，你不要只看保單名稱，應檢視保單條款才準。若真是這樣，你就須分開計算身故類、醫療類、長照類，各買了多少保額，以免重複投保，浪費保費。還有，你應已了解，消耗型的保障效率才高。保險顧問若推薦保／還本型，不排除是因為佣金比較高，你應問個清楚。若該公司真的沒有消耗型，你也願犧牲保障效率去換取保／還本的確定性，或是你滿喜歡這個保險顧問，願意跟他買，那你就應適度調降先前規劃好的壽險身故保額，節省一點保費。（若你目前的保險顧問跟你對味，不要輕言放棄，因為保險的服務很多，麻吉很重要！）

結論是，人人都應趁早投保 1 組保險，單身者尤然。然後再隨收入增加，逐步拉高醫療／長照之保額或加買補強險種，到退休時把保障拉到最高。至於身故類，只要單身狀態沒變，也沒有其他想遺愛照顧的人，則可不動，保額夠把你自己埋掉即可。

讀到這裡，如果覺得數字很多、很雜，沒關係！第三節會整理成一頁《出發表》，你就會一目瞭然。請放寬心，繼續往下讀。

第二節 投資穩：今天做好「2筆投資」， 就不怕老後沒錢

「理財鐵序」絕不能錯

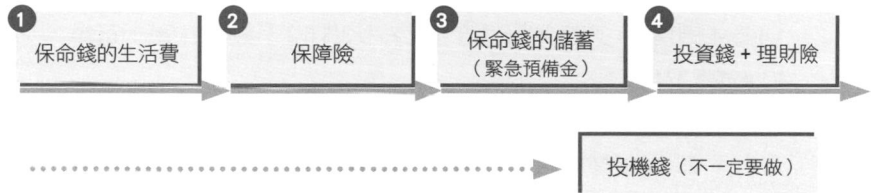

上面這個投資和保險的順序，我叫它「理財鐵序」，必須嚴格遵守，絕不可顛倒，尤其保障險務必在生活費之後便優先買足，因為萬一真的下一秒就出事，你才會有大錢應急。有人會問，連緊急預備金都還沒存，就要買保障險？萬一臨時要額外用點錢怎麼辦？我的答案是：「借！」請記住，小錢可以借，緊急大錢只能靠保險！照這個理財鐵序，你的收入扣掉生活費之後，必須立刻把1組保險買起來，然後方可進行2筆投資，每筆每月至少3千元。收入不夠的話，1組保險仍不可少，而2筆投資就等收入多些時再逐筆做。

對單身族，就算一輩子都不想要任何花大錢的夢想，不成家、不生子、不買車、不買房、不到海外大旅行等等，還是有兩筆大錢一定躲不掉：一存退休金，二補保障險！這也就是人人必做（尤其單身）的2筆投資。

第 1 筆：準備退休金

下面諸例的數字不少，但其實多僅查表而已。

例 e.g. ▶ **用穩健投資第一、二法準備退休金**

26 歲做到 65 歲，共 39 年。

若做定時定額每月 1 萬，查《表 3-1》39 年底時，約 1,405~4,580 萬。若每月只做 3 千，按比例 0.3（=3 千 /1 萬）可得約 421~1,374 萬。

若做心安單筆 10 萬元，查《表 3-2》39 年底時，約 62~303 萬。若有幸 26 歲這麼年輕就可投入 100 萬，則乘以 10，到 65 歲時可期待 620~3,030 萬！

其他年齡或本金，都可比照上例用《表 3-1》《表 3-2》輕鬆算出最後的金額。另外，你也可先投資、後保險，如下例。

例 e.g. ▶ **用穩健投資第三法準備退休金：用儲蓄險保住心安單筆的戰果**

26 歲做心安單筆 100 萬，到 65 歲，共 39 年。

查《表 3-2》24 年底時，約 310~820 萬；躉繳轉買 IRR 3% 的儲蓄險，再過 15 年、到第 39 年底，乘以 1.03 的 15 次方（=1.55），變成 480~1,271 萬。雖然金額比前例心安單筆的 620~3,030 萬低不少，但確定性高很多！

若你想更穩健，可一開始就同時做儲蓄險和投資錢，如下例。

例
e.g.

用穩健投資第四法準備退休金：用年金險打地基、定時定額起高樓

每月投入 2 萬元，其中 1 萬買年金險，1 萬做投資錢；41 歲做到 65 歲，共 24 年。

年金險打地基：假設是利率 3% 之固定年金，月存 1 萬、做 24 年有約 420 萬；此時可直接啟動年金，打地基。

定時定額起高樓：每月 1 萬，查《表 3-1》24 年底時，可達 560~1,100 萬，這就是起高樓。若摃龜，也還有上面的地基過日子；若成功（二者合計約達 980~1,520 萬），則可過好日子！

若 2 萬全做投資、不買年金險，當然金額可能更多，但不確定性也高不少，萬一摃龜，就只能靠勞保、勞退等社會保險的年金保障。另一方面，若全都只做年金險，雖然結果很確定，但就須接受金額較低的現實。

上例的投資錢也可改用心安單筆來操作，如下例。

例
e.g.

用穩健投資第四法準備退休金：用年金險打地基、心安單筆起高樓

你 50 歲，打算 15 年後 65 歲時退休。你躉繳一筆保費買年金，扣完所有費用後剩 100 萬在累積期滾存 15 年；你還另拿 100 萬同時做心安單筆 15 年。

年金險打地基：假設是利率 3.5% 之固定年金，最後會有 167 萬（=100*1.035 的 15 次方）。

心安單筆起高樓：查《表 3-2》15 年底時，約 200~370 萬。

上二者合計 367~537 萬，假設是 500 萬好了，你 65 歲時用它去啟動年金。如果預定利率 3%、領 240 個月，假設不考慮其他因素，則你每月可領 27,729 元。若預定利率 4%，則月領 30,299 元；若 5%，則領 32,997 元。這裡可看到，啟動年金時的

利率愈高，後面每個月領的年金會愈多。

看完上面這些例子，應選哪個呢？純投資錢？純理財險？投資錢＋理財險？

選用你心安的方法

較積極的人，或二、三十歲、有很多時間複利的年輕人，可先做第一、二法，全部用投資去錢滾錢，累積一定成果後，再把理財險加進來做第三或四法。

較保守的人，或四、五十歲、已有相當財富的人，可直接做第四法，同時做投資錢和理財險，在穩健的資產配置中持續成長。其實四、五十歲的人，維持只做一、二法的投資錢也可以，因為離退休尚有 15~20 年的時間可複利。

第 2 筆：補強保障險四大罩門

這第 2 筆投資錢的準備方法同上。要多少才夠呢？我會說多多益善！若以補強 2% 通膨為例，1,000 萬保額，15 年後的購買力會被吃掉 250 多萬、30 年後更吃掉 400 多萬；若要補強老後不保的醫療、條件不符而不賠的長照，那更可能還要好幾百萬或上千萬！

例 e.g. ▶ **準備一筆補強保障險四大罩門的投資錢**

44 歲做到 65 歲，共 21 年。

若定時定額每月 1 萬，查《表 3-1》21 年底時，約有 450~810 萬。若每月只做 3 千，按比例乘以 0.3，可得約 135~243 萬。

若心安單筆 100 萬元，查《表 3-2》21 年底時，約 270~630 萬。

本例是 44 歲才開始做。若能更早，累積更多錢的機會就更高。

若你是沒那麼年輕的單身者，譬如壯年失婚、老年鰥寡或終身未婚，不管剩下多少時間可以投資，你都需要在做完 1 組保險後，更努力存下這 2 筆投資錢，以求晚年一個人也能自保。若你已經或即將退休，手邊的保險和金錢都已經確定，未來也不會再有多的收入，那就接受現況，放鬆心情，去讀讀健康別冊，好好維持心身健康。只要心安，錢多錢少都可快樂過日子。

若你的狀況跟以上這些例子的數字差很多，附錄二還有更多其他年數、金額的例子供你參考。要特別提醒，這些數字並非保證，只是給你一些方向感來指引操作。重點是找一個最接近你的例子，拿去跟你的保險和投資顧問討論，然後定期檢討是否須調整。

下節把 1 組保險和 2 筆投資的重要數字整理成《出發表》，你就更輕鬆了。

第三節 出發：各年齡層的 1 組保險和 2 筆投資總結

本節要用下頁的《出發表》把前面單身、無房貸者之 1 組保險和 2 筆投資的重要數字做個大整理。你只要從你相近的年齡層選一個「心安配置」，就可約略查到你每月、每年要拿多少錢來做這件事，然後，再「多一個夢想，多做一組投資和保險」。

再次提醒，《出發表》多半是用最便宜的 1 年期保單，你若改買終身或保／還本型，就會更貴。另外，2 筆投資每筆每月至少 3 千元，這是多數定時定額的最低門檻。若你預算充裕，當然多多益善。

《出發表》顯示，25 歲年輕人買感恩配置加上 2 筆投資，一年高達 13~15 萬。這對剛開始賺錢的年輕人來說，負擔頗重。若你負擔得起，恭喜你！若真的很緊，你可如前所述，先每月 2 千多、一年 2、3 萬買實惠配置，然後隨著收入漸增，再逐步往感恩配置邁進，或增加 2 筆投資。其他 35、45、50 歲的人，請自行查閱表內數字，看看是否負擔得起。

最好 40 歲前、最晚 50 歲，就須開始多做投資錢！40~60 歲間，是多數人生產力最強、收入最高的階段，此時應拉高投資錢的比重，以便圓夢、享受人生；並在退休前的 15~25 年，開始準備退休金和補強老後保障險的 2 筆投資錢。

《表 5-4 出發表：「1 組保險 +2 筆投資」每月／年參考支出彙總表》

年齡	1 組保險：參考保費				2 筆投資：投入金額		1 組保險 +2 筆投資 合計參考支出			
	三大心安配置	月繳	年繳	特別提醒	每月至少	每年至少	每月至少 男	女	每年至少 男	女
25歲	感恩配置	男5千多 女近7千	男6萬多 女近8萬	若負擔重，可先買實惠配置	6千(=3千*2筆)	7.2萬	1.1萬多	近1.3萬	13萬多	約15萬
	實惠配置	2千多	男2萬多 女近3萬	一天只要70多元	6千(=3千*2筆)	7.2萬	8千多	8千多	近10萬	約10萬
	救命配置	僅約1,500元	約1.8萬	一天區區50元；保費與性別年齡無關	應無預算再做2筆投資		每月僅1,500元做1組保險；沒做2筆投資		每年僅1.8萬做1組保險；沒做2筆投資	
	進階的救命配置 = 救命配置 +50萬1年期壽險	僅約1,500元	約1.8萬(50萬壽險年繳男約700元、女約300元)	一天50元出頭	應無預算再做2筆投資					
	最極端陽春的救命配置	每月不到200元	一年僅約2千元	一天僅5塊多！保費與性別年齡無關			每月不到200元		一年約2千元	
35歲	感恩配置	男近7千 女8千多	男約8萬 女約10萬	若負擔重，可先買實惠配置	6千(=3千*2筆)	7.2萬	近1.3萬	1.4萬多	15萬多	17萬多
	實惠配置	近3千	3萬多	一天不到100元	6千(=3千*2筆)	7.2萬	近9千	近9千	近11萬	近11萬
	救命配置	跟25歲的一樣（因意外險和失能險的保費與性別年齡無關）								
	進階的救命配置	僅約1,500元	約1.8萬(50萬壽險年繳男約800元、女約400元)	一天50元出頭	應無預算再做2筆投資		每月僅1,500元做1組保險；沒做2筆投資		每年僅1.8萬做1組保險；沒做2筆投資	
	最極端陽春的救命配置	跟25歲的一樣（因意外險和失能險的保費與性別年齡無關）								
45歲	感恩配置	男約9千 女約1.1萬	男近11萬 女13萬多	若負擔重，至少買實惠配置	6千(=3千*2筆)	7.2萬	約1.5萬	約1.7萬	18萬多	20萬多
	實惠配置	4千多	約5萬	~			約1萬	約1萬	12萬多	12萬多
	救命配置	跟25歲的一樣（因意外險和失能險的保費與性別年齡無關）								
	進階的救命配置	近1,600元	約1.9萬(50萬壽險年繳男約1,800元、女約900元)	一天不到60元	應無預算再做2筆投資		每月近1,600元做1組保險；沒做2筆投資		每年僅1.9萬做1組保險；沒做2筆投資	
	最極端陽春的救命配置	跟25歲的一樣（因意外險和失能險的保費與性別年齡無關）								
50歲	感恩配置	男約1.1萬 女近1.3萬	男13萬多 女15萬多	若負擔重，至少買實惠配置	6千(=3千*2筆)	7.2萬	約1.7萬	近1.9萬	20萬多	近23萬
	實惠配置	男近6千 女約5千	男近7萬 女6萬多	~			近1.2萬	約1.1萬	約14萬	13萬多
	救命配置	跟25歲的一樣（因意外險和失能險的保費與性別年齡無關）								
	進階的救命配置	近1,700元	約2萬(50萬壽險年繳男約2,700元、女約1,400元)	一天不到60元	應無預算再做2筆投資		每月近1,700元做1組保險；沒做2筆投資		每年約2萬做1組保險；沒做2筆投資	
	最極端陽春的救命配置	跟25歲的一樣（因意外險和失能險的保費與性別年齡無關）								

註：本表保費僅供概略參考，實際投保費率應以各保險公司核保為準

「1 組保險 2 筆投資」總結：人人必做，尤其單身

首先做好 1 組保險，最好買到感恩配置，至少也應買到實惠配置。溫飽邊緣者，救命配置是最後防線。

其次再用穩健投資四法進行 2 筆投資，每月至少各 3 千元；若有餘裕，多多益善。

然後隨著收入漸增，逐步拉高醫療和長照類的保額或加買補強險種，到退休時拉到最高；60 歲時至少要有 200 萬的醫療保障。同時儘量增加 2 筆投資的金額。

有許願者，從 1 組保險 2 筆投資出發，再「多一個夢想，多做一組投資和保險」。

單身的人若不（再）選擇任何花大錢的夢想，則 1 組保險和 2 筆投資，就是你餘生要做的全部。

單身階段，每個人都躲不掉。下一章的退休亦然！

第六章 退休：快樂終老

除非早逝，不然每個人早晚都要退休。這裡所謂的退休是指已經符合領取勞保老年給付或勞退退休金的資格，在沒有固定工作收入的情況下，仍有兩大財務需求的人：足夠的生活費過日子；心安的醫療和長照保障。

多數上班族是工作幾十年後，裸退或半裸退、離開朝九晚五的職場，然後用先前存下的錢安度餘生。除了這種正常的上班族外，若你是因遺贈、樂透等因素，獲得一大筆錢，可不用工作就衣食無虞，但還不至於怎麼花都花不完，那你仍可用本章的方法去強化上述兩大財務需求。但若你是家財萬貫或含著金湯匙出生，不需保險、不用投資，隨時都有花不完的錢，那你需要的，不是理財，而是健康！一個坐擁巨大財富的人，如何避免墮入慾望的黑洞，回歸內在喜樂，是非常艱難的挑戰！也許健康別冊會給你一些想法。

針對退休後的兩大財務需求，本章將告訴你如何自製「心安」退休年金、強化老後的醫療／長照，以及善用信託，讓自己在萬一失去管理財產能力時，仍可自保。

第一節 投資穩：自製「心安」退休年金，在年金改革動盪中自保

　　若你有 500 萬退休，怎麼做可以每個月領 3~6 萬，且活多久、領多久？

　　500 萬若不做投資、坐吃山空的話，月花 3 萬，不到 14 年，你將身無分文；若月花 6 萬，則撐不到 7 年。不過別擔心，只要讀完本節，你就會知道上面這個問題的答案，快樂終老。但在進入討論之前，我想先提一下我對年金改革的看法，希望大家在年金改革的動盪中，怨氣少一點，和氣多一點。

　　近年全球政府和私人企業或多或少都在進行年金改革，而改革的方向都是多繳、延退、少領。所以靠別人的退休金，未來只會少、不會多！這個惡化趨勢其實是近百年來，在不知不覺中形成的共業，我們無需怪罪任何人或政黨，讓自己心神不寧。

　　回顧 1945 年二戰之後，全球經濟在戰後重建和嬰兒潮帶來的強大復甦動力中不斷高速衝刺。在超過一甲子的成長歲月裡，許多人都覺得明天只會更好，不會更壞。於是政府和企業就制定了優渥的退休制度。像以前的確定給付制，就是保證在你退休後，確定會「給」你多少。早期經濟成長快、領的人又不多，每個退休的人都確定領得到、領得足，所以都很安心。但經濟高速成長幾十年後總會變慢，大約 2000 年起，嬰兒潮老了，開始退出職場，從工作繳費的人變成退休領錢的人！繳費的人變少、領錢的人變多，大家逐

漸發現確定給付制是不可承受之重，於是紛紛改成確定提撥制。也就是在工作期間，每個月確定「提」多少錢進專戶，去做存款或某些投資，到退休時，再把本利和還給你。至於這個本利和是多少，則不保證或最多只保證跟定存利率一樣。

到了 2008 年金融海嘯，美國 AIG、GM 等大到不能倒的巨無霸企業，靠著政府的金援僥倖躲過一劫，但原先豐厚的員工退休制度幾近崩潰，被逼著重新設計。這時大家才赫然驚覺，太好的就無法太久，超支的終有一天要還！緊接著 2011 年發生歐債風暴，連國家都出了問題。幾個像希臘原本福利豐厚的國家，政府在入不敷出幾十年後破產賴帳。在不得不接受歐盟紓困之下，被逼著進行許多改革，樽節政府支出。年輕人找不到工作，老年人退休金也大幅縮水，經濟萎縮、社會暴動、政治動盪。直到 2018 年才稍微站穩腳跟，然整個國家卻已為先前的超額享受，付出了慘痛的代價。

上述這段歷史告訴我們，年金改革是不得不做的必要之惡，全球皆然，而且愈晚做代價愈大。然弔詭的是，在民主選票的壓力下，掌權的政治人物多半不願大刀闊斧，能拖就拖，以免失去選票。

回頭看看台灣，年金改革喊了二十幾年，偶爾小改一下，近年終於有了較大的動作。雖免不了抗議和怨氣，所幸沒有落入希臘的慘狀。如果大家靜下心想想，我們都在同一條船上，今天除非經濟成長的力道，強到足以支撐沉重的退休金包袱，且須一直成長、一直成長、不能停頓，不然年金改革就非做不可。任何人都知道這是不可能的，天底下沒有一直好、不會壞的事。所以，今天不同心改革，明天就一起滅頂！然而，把一個原本深信吃得到的虛幻大餅，縮小到較為實際的小餅，必然每個人都會失望受傷，只是程度輕重

不同而已。祈願改革者展現智慧，被改革者互相包容，都把眼光轉向改革後還擁有的，而非縮水失去的。平心面對，知足感恩。相較許多國家，台灣已是個福地。與其發牢騷，不如拚經濟，大家一塊兒把餅做大，方是正途。

有人問達賴：
生活太累，如何輕鬆？

達賴回答：
生活太累，一半源於生存，
一半源於慾望與攀比。

不管如何，年金改革已成事實且會持續惡化，你若能先用穩健投資四法趁早準備退休所需的那筆大錢；接著在退休時用這一章的方法，自製退休後所需的現金流，則可心安自保！這有兩個內容，一是先在不靠政府或企業的情況下，想辦法自製「自求多福」退休年金；二再結合政府或企業提供的年金，變成「心安」退休年金。

自製「自求多福」退休年金

《表 6-1 圓夢表：自製「自求多福」退休年金之三個方法舉例 - 月領 3 萬》

不靠政府或企業，自製「自求多福」退休年金的三個方法		期初投入下列金額，可望月領約 3 萬元	優點	缺點
一、善用年金險，啟動年金		用 500 萬啟動年金（假設預定利率 3%、領 240 個月，不考慮其他因素）	活多久、領多久；年金不可撤銷，任何人都無法挪用	無流動性，錢拿不出來；保險公司若倒閉，年金可能縮水或歸零
二、買配息（撥回）產品（這屬於穩健投資第二法 - 心安單筆）		買配息（撥回）率 4% 的產品 1,000 萬，若沒吃到本金，則可長可久；或買每月固定配息（撥回）3 萬的產品 600 萬，吃掉本金的話，約可撐 23~27 年	除了利息外，也許有些機會賺到一點資本利得	配息（撥回）率可能會吃到本金
三、生生不息投資法（這是穩健投資第二法 - 心安單筆之變化運用，底下有詳細說明）	77-7	約 514 萬	活多久、領多久；本金不縮水	要找到三年賺 30% 的產品是個挑戰
	83-5	約 720 萬	活多久、領多久；本金不縮水	須找到三年賺 20% 的產品
	87-4	約 900 萬	三年賺 15% 的產品較易找到；活多久、領多久；本金不縮水	需投入的金額最多

註：本表僅供規劃參考，不保證任何投資績效

　　上表乃月領 3 萬之期初投入金額，你若要 6 萬，就乘以 2，依此類推。這三個自求多福的方法前面都討論過，第一個方法是善用年金險，若你早些年買的年金險（或做的投資）在退休時已累積了 500 萬，你便可直接（躉繳）啟動年金，然後月領 3 萬過日子。優點是每月可領金額確定；（多數年金險）活多久、領多久；且受到十足的保護，任何人都無法挪用或撤銷。缺點是沒有流動性，急用時拿不出更多錢；若啟動年金後利率走升，也只能困守啟動當時的低利率，無法拿出來重新布局。

例 e.g. | 在 2019 年的利率水準下，要月領 3 萬上下，約需 500 萬去啟動年金

不考慮附加費用率等其他因素，假設領 240 個月、預定利率 3%，則 500 萬年金險可月領 27,730 元；若 4% 則月領 30,300；5% 則為 33,000。（若考慮其他因素，這些金額會低一些，但計算複雜，這裡只是給你一些感覺，實際投保時，請以保險公司核算的為準。）若用其他金額啟動年金，按比例計算即可。

自求多福退休金的第二個方法是穩健投資第二法、購買高息產品的心安單筆。包括配息基金、有撥回的保單、及長抱績優股領股息（所謂存股）。

例 e.g. | 想月領 3 萬，可用 1,000 萬做心安單筆，去買高息產品

買每月配撥「固定%」的產品 1,000 萬，長長久久：若配撥率 4%，可月領 3.3 萬（=1,000*4%/12）；若 3% 則年配 30 萬、月領僅 2.5 萬，不到本例要求的 3 萬。以 2019 全球固定收益市場的利率水準，每年配撥個 3~4% 左右、不吃到本金是可期待的，若做得到便可長長久久。配撥率更高的話，多半就要吃到本金了。

買每月配撥「固定金額」的產品 600 萬、月領 3 萬、約撐二十多年：若真正賺到的是平均每年 3%，其他都吃本金，可撐 23 年；若賺到 4%、約撐 27 年（第二章第四節）。

存股：謹記，股價下跌時你的本金也可能虧損。所以存股的進場點很重要，且最好不要只買一、兩支個股。在股市低迷時，買進有配息的 ETF（參證交所網站），會是不錯的心安選項。

第三個方法，是我在《一生三錢過四關》提出的 77-7 生生不息投資法。這是拿本金的 77% 去做三年賺 30% 的心安單筆投資，

期待三年後本金回復到原來的 100%；同時每年拿本金的 7% 來當生活費。77-7 追求把三年內花掉的錢補回來，每三年反覆循環一次。如此本金不縮水，活多久、花多久，希望讓退休族擺脫錢花光了卻還沒死的最大夢魘！下面三個例子供你參考。

生生不息投資法

【例 1】要月領 3 萬，需投入 514 萬做 77-7，並追求三年賺 30%

分配	萬	說明	算式
投資	396	77% 投資三年賺 30% 之產品，三年後回到 100% 的本金 514 萬	77%*1.3 ≒ 100%
花用	108	每年花 7%、36 萬、月領 3 萬；三年共花掉 21%、108 萬	7%*3 年 =21%
剩餘	10	剩 2% 供交易成本、備用等	100%-77%-21%=2%
合計	514	最初的本金	100%

若保守一點，改用三年 20% 去規劃的話，則變成 83-5。也就是：先拿 83% 去投資三年賺 20% 的商品、三年後回復到 100% 本金，剩下的每年花 5% 當生活費。

【例 2】要月領 3 萬，需投入 720 萬做 83-5，並追求三年賺 20%

分配	萬	說明	算式
投資	598	83% 投資三年賺 20% 之產品，三年後回到 100% 的本金 720 萬	83%*1.2 ≒ 100%
花用	108	每年花 5%、36 萬、月領 3 萬；三年共花掉 15%、108 萬	5%*3 年 =15%
剩餘	14	剩 2% 供交易成本、備用等	100%-83%-15%=2%
合計	720	最初的本金	100%

同樣的邏輯，若是買三年賺 15% 之產品，可變成 87-4。

【例 3】要月領 3 萬，需投入 900 萬做 87-4

分配	萬	說明	算式
投資	783	87% 投資三年賺 15% 之產品，三年後回到 100% 的本金 900 萬	87%*1.15 ≒ 100%
花用	108	每年花 4%、36 萬、月領 3 萬；三年共花掉 12%、108 萬	4%*3 年 =12%
剩餘	9	剩 1% 供交易成本、備用等	100%-87%-12%=1%
合計	900	最初的本金	100%

把「自求多福」退休年金結合政府或企業提供的年金，就是下面的「心安」退休年金了。

自製「心安」退休年金

很多報導都說退休要幾千萬方可無虞，但當今社會上，能有上千萬退休的人並不多。倒是上一章看到，若能趁早做好2筆投資，有個500萬退休並非難事。底下我們就來看看如何用500萬的本金，自製月領3~6萬的「心安」退休年金！

自求多福退休年金
+ 政府或企業的年金
——————————————
= 心安退休年金

《表6-2 圓夢表：自製「心安」退休年金舉例 - 用500萬本金，月領3~6萬》

自製「心安」退休年金舉例		說明	合計月領
年金險打地基，投資錢起高樓	200萬買年金險	假設預定利率3%、領240個月、不考慮其他因素，則每月可領約1.1萬（此僅概估，應以保險公司核算的為準）。	2.1萬 ~2.8萬
	300萬做生生不息投資法	77-7：月領約1.7萬（=300萬 * 7%/12） 83-5：月領約1.2萬（=300萬 * 5%/12） 87-4：月領約1.0萬（=300萬 *4%/12）	
政府的勞保和勞退	勞保老年年金	月領5千多~3萬多。（投保滿15年者，方得請領年金。5千多是用最低月投保薪資23,100元、投保15年計算；3萬多則是用最高月投保薪資45,800元、投保40年計算；勞保局網站可試算。）	5千 ~3萬多
	勞退新制月退休金	假設請領月退時的帳戶餘額是100萬，則可月領約4千元（2018時勞動部公告60歲平均餘命24年、利率1.1843%，依此計算，得到每月可領3,984元）；其他餘額依比例計算，如200萬則乘以2、月領約8千元；50萬則除以2、月領約2千；依此類推。 ※ 每月強制提繳月薪的6%（你還可再自願提繳最多6%）存到你的專戶；年滿60歲、提繳滿15年以上者，方得請領月退休金。	假設約4千
合計			約3~6萬

註：本表僅供規劃參考，不保證任何投資績效

　　上例心安的來源之一是，即使政府破產，你仍有自製的2.1~2.8萬；而就算連生生不息的投資錢也槓龜，你最低限度還有年金險的1萬多可存活。心安來源之二是，從自求多福三個方法中選取年金險及77-7兩個方法同時運用，先用年金險打地基、建立穩固現金流；再用投資錢起高樓、生生不息花不完。這樣讓你先存活再追夢，進可攻退可守，安享餘年。由於年金險和投資錢是統計學上的零相關，不會互相影響，兩者同時槓龜的機會微乎其微。亦即不論投資

賺賠，年金照領；反過來講，就算保險公司倒了、領不到年金，你還是有投資錢可用。事實上，自求多福的三個方法有無數種組合，你可交互運用。譬如你若對自己的投資能力很有信心，就可多做77-7；但若不想忍受投資震盪，則不妨多買些年金險或配息產品。關鍵是，做了要心安！

若你擔心退休時沒有 500 萬，不妨檢查一下你先前買的保單。若你曾買終身壽險，那你還有一個小金庫喔！退休族若已無責任，不再需要太多身故保障，則可把繳費期滿之終身壽險解約！此時你拿到的錢會接近你過去幾十年繳過的全部保費，甚至會接近保額。領到錢後，留點喪葬費，然後去自製退休年金，把原本你死了給別人領的錢，活化成你活著自己花的退休年金（若你要買年金險，則不必解約，直接做保單轉換、亦稱保單活化，把壽險轉換成同一公司的年金險即可）。還有，若你名下有房子，也符合資格，也許可考慮跟銀行做「以房養老」，每月從銀行領一筆錢，到死為止。

最後，如果你退休時確定沒有 500 萬，也沒有保單或房子可活化，也不必太傷心。只要能溫飽，加上健保、國保等政府的社會保障，都可安度晚年。真正的快樂來自內心，不在錢多錢少！少了理財的煩惱，也許你反而更有機緣去體驗健康別冊分享的不花錢的靜心、飲食、運動、排毒等方法，活得更自在、更心安。

第二節 保險準：進一步強化老後的醫療 / 長照保障

退休後，一要靠退休金享受健康的時光，二要靠保險度過不健康的歲月。除了上一章談的 1 組保險和 2 筆投資外，七、八十歲後的老年醫療 / 長照保障，還可以靠什麼進一步強化？

首先，你可先檢視一下舊保單：

• 已繳清的終身壽險透過上面談的保單活化，不只可轉換成年金險，也可轉成住院醫療險、長照險。

• 已繳清的終身壽險若不做保單活化，而是想直接拿錢支應醫療或長照之需，則可做保單質借，或乾脆解約把錢拿出來。

• 善用某些終身壽險之老年住院醫療提前給付。也就是七、八十歲後，在某些條件下（看保單），可把身故保額的幾十％先撥出來，當做住院醫療給付。

• 有些終身壽險有完全失能扶助金，在完全失能時，分期給錢。

• 儲蓄險解約（可能的話，最好不要損及本金）。

• 只要投資帳戶持續扣得到維持費，變額（萬能）壽險的壽險和健康險附約，都可續保到八、九十歲，甚至 111 歲。（附錄三）

• 變額（萬能）壽險或變額年金，部分提領或全部解約。

• 終身限額不限齡的險種，只要限額還沒用完，不管你幾歲，都持續保障。像終身住院醫療險、分項給付型之終身癌症險、終身

手術險、長照險、終身失能扶助險、終身類長照-特傷險等。

‧ 一次給付型的終身險種，只要尚未出險，也都持續有效。像終身癌症險、終身重疾/特傷險等。

其次，若舊保單都派不上用場，你也可購買新的老年醫療保單。譬如僅限 50~80 歲投保的保單，常見的是簡單日額型的定期住院醫療險，也許再加上重疾/特傷或重大手術；但若體況不佳仍可能被拒保或加費承保。還有「意外險+意外醫療險」套餐也很常見。另有一種較特別的是，年輕時只繳費、不保障，繳費一、二十年後，等到年老（譬如 75 歲起）才開始提供保障。很現實的是，老年保單因為出險機率高，故通常給付內容簡單，保費卻偏貴；且為了滿足老年人捨不得的心態，身故時退回總繳保費的保本型，或不時領點小錢的還本型也很常見，但這其實很貴。

再來，子女的團體保險也可以幫你喔！若子女上班的公司或職業工會的團保有保障直系親屬，就趕快加入。若沒有這樣的保障，可湊滿五個員工，試著找該保險公司另外設計保障條件，針對這五個人單獨出一張團體保單。當然，子女換工作時，你的保障就沒了，要等子女到新職上班後，再重來一次。雖然團保多僅 1 年期，壽險/意外險/醫療險之給付項目陽春且金額不高，但總也是個保障。

最後，你名下若有房地產，也可跟銀行抵押借錢，緊急支應醫療或長照之需。如果上面這些都沒有，至少還有全民健保！全民健保是台灣之福，真的感恩！

老年的醫療/長照，除了以上保障外，釜底抽薪之計是，即刻開始全面照護身心靈，不論有錢沒錢，只要心念一轉，都可心安理得，快樂終老。

第三節 善用「信託」照顧自己，心安老去

　　老後，有錢還不夠！為什麼？因為有一天你可能會意識不清、行動不便，因而無法處理錢財和保險，甚至被別人挪用。此時，信託就幫得上忙了。你把資產交付一位受託人（一般是銀行），約定運用方式、支付對象／金額／時機等；指定信任的（家）人或自己為信託受益人，以便領到錢後照顧你；同時找一或多位信任的（家）人、律師或社福機構擔任信託監察人。

　　若你是拿保單去信託，便是保險金信託。針對年金險、醫療險、長照險等活著有錢領的保單，你可跟銀行約定把領到的保險金，付給自己、安養機構、或信任的（家）人，進行照護。至於壽險那種死了才領錢的保單，也可做信託，不過那就是拿去照顧別人了。譬如父母若擔心自己走後，弱智或重殘等子女無法自立，也可透過信託去照顧他（第八章）。

　　尤其單身者，最好趁自己還走得動、神智清醒時，拿一些資產去做信託，準備照顧自己。市面上有一種安養信託的產品，除了活著有錢領的保單外，現金或票據等財產也可交付信託，然後按月給自己生活費，或支付安養機構的費用。

例
e.g.

安養信託

謝先生 72 歲，獨居，手頭有 1,100 萬。雖然目前身體還算硬朗，但擔心終有一天會無法自理生活，於是計畫做安養信託。

留 600 萬在身邊，另將 500 萬信託給 A 銀行，並找了 B 基金會擔任監察人。謝先生指定這 500 萬放定存，1% 的年息足以支付 0.5% 的信託管理費。謝先生住進養生村。指示 A 銀行每月固定匯 4 萬元給養生村。

經過 100 個月（8 年又 4 個月），已經支用了 400 萬，信託帳戶餘額剩 100 萬。此時謝先生已過 80 歲，身體愈來愈差，他擔心哪天行動不便，必須換到更專業的照顧機構才行。於是把剩下的 600 萬全部交付信託，並指示 A 銀行和 B 基金會，在有必要轉換照顧機構時，幫他處理金錢事宜。

補充說明，謝先生也可以把手頭的錢先拿去買年金險，然後交付信託，這樣就更不必擔心活太久、錢花光的問題。

好了！讀到這裡，你已經會做 1 組保險和 2 筆投資，也知道退休後如何自保了。接下來，你可以開始許願，並用「保險準，投資穩」的手法，追求圓夢。為了讓你輕鬆讀下去，後面每個夢想一開始就會先給一頁《圓夢表》的結論，然後才說明細節。

第七章 成家：溫馨的兩人世界

這裡的成家指的是兩個人決定生活在一起，彼此照顧。結婚、同居都算；初次、第二次、第三次…也都算。

成家前，準備成家基金；成家後，優先重估身故保額。

《表 7-1 圓夢表：成家》

圓夢做法		成家前	成家後
投資	準備成家基金	成家基金的準備時間不易事先確定 若用 3 年準備，每月做「投資＋儲蓄」1 萬，可望存到 3、50 萬；時間短，儲蓄就多；時間長，投資就多些 （持續出發的 2 筆投資）	（出發的 2 筆投資仍須持續）
保險	感恩配置	（持續出發的 1 組保險）	依《表 1-1》重估身故保障缺口 假設新增 100 萬，故把 1 組保險的 20 年定期壽險保額，從 0 提高到 100 萬，則每年新增保費 25 歲約 1~2 千元、35 歲約 2~4 千、45 歲約 4~8 千、50 歲約 6 千 ~1.2 萬；換算各年齡每月新增保費落在 80 元 ~1 千元區間 另可視預算和體家職風險，斟酌提高醫療類和長照類保額，或加買補強險種
	實惠配置	（持續出發的 1 組保險）	依《表 1-1》重估身故保障缺口 假設新增 50 萬，故把 1 組保險的 20 年定期壽險保額，從 50 萬提高到 100 萬，則每年新增保費 25 歲僅 5 百 ~1 千元、35 歲 1~2 千、45 歲約 2~4 千、50 歲約 3~6 千；換算各年齡每月新增保費落在 40 元 ~5 百元區間 另可視預算和體家職風險，斟酌提高醫療類和長照類保額，或加買補強險種

註：本表僅供規劃參考，不保證任何投資績效，且實際投保費率應以各保險公司核保為準

第一節 投資穩：成家前，準備成家基金

你打算準備多少錢成家呢？如果你們只求在一起，不想要任何儀式，花個千把塊公證結婚，且連新居也不裝潢，那你不需準備成家基金，可跳過這一節，直接讀下節的保險。但你若要辦喜宴，那也許得花個 3、50 萬，若把蜜月旅行、裝潢新居的錢也放進來，則上百萬也是可能的。那麼，開始存錢囉！

理財金律

長時間，做投資；

短時間，做儲蓄；

沒時間，靠保險。

成家基金有個特性，就是期待發生，但不必然發生。若你還沒有對象，也許一輩子都不會遇到，也或許下一刻就一見鍾情、互許終身。這意味著你不太容易事先知道你有多少時間，可以準備成家基金。根據理財金律，最好的辦法就是「投資＋儲蓄」都做。

例
e.g.

準備成家基金

每月做 1 萬元「投資 + 儲蓄」，3 年約可存到 3、50 萬。

投資錢：若每月定時定額 1 萬，查《表 3-1》，3 年後有 40~50 萬。

儲蓄：目前利率 1%，若月存 1 萬零存整付、3 年本金 36 萬，3 年後本利和僅約 36.5 萬。若一次存入 36 萬，3 年後本利和也只有 37 萬。

各半：投資錢、儲蓄各 5 千，3 年後本利和約 38~43 萬（上二者相加除以 2）。

若你的時間短於 3 年，那儲蓄應當多一點，確定性比較高；若比 3 年還長，則可拉高投資錢的比重，期待最後的本利和可以多一些。然上例只點出方向，你可依自己的預算、時間和個性，參考附錄二去規劃。切記，選一個心安的方案！不管最後你可存多少錢成家，請回到量力而為、知足常樂。畢竟儀式大小、蜜月遠近、小窩新舊，都只是外在的一時快意，兩個人內心相知相愛才是根本。

務必先做好出發的 1 組保險和 2 筆投資，然後才在這個基礎之上，去存成家基金。若急著非結婚不可，務必先買好 1 組保險，成家後再逐步進行 2 筆投資。你也許會說：「成家後再一起打拚、慢慢買就好了。」但萬一成家後下一秒就出事重殘，從此另一半……（我是說萬一，希望不會）

第二節 保險準：成家後，優先重估身故
保額，再斟酌拉高醫療/長照保障

　　成家後，多了一個關愛的他（這裡的「他」，包括所有性別，底下同）。若你想在萬一早逝時留點錢給他，就需提高身故保額。尤其若他謀生能力不強，那你的身故保額也許要提高很多。但若他賺錢自立沒問題，那你只需維持單身時做的 1 組保險之身故保額，留點錢讓他幫你辦後事即可。還有，若你還想照顧他的高堂、子女或其他任何人，那你的身故保額還需更高。所以，到底要不要提高身故保額、提高多少，你可根據《表 1-1》重新估算。然後在 1 組保險的基礎上，把新增的保額加上去。譬如底下假設你用 20 年定期壽險提高感恩配置之身故保額 100 萬。

《表 7-2 例：成家後保障險「感恩配置」新增項目及保費》

類別	險種	保單舉例	給付方式	新增保額	參考新增年繳保費（元）			
						25 歲	35 歲	45 歲	50 歲
身故類	核心	定期壽險	消耗型 20 年附約	一次給付契約結束	+100 萬（把 1 組保險之 0 萬提高到 100 萬）	男	2,000	3,900	8,200	12,200
						女	1,000	2,000	4,300	6,600

註：本表之保費僅供概略參考，實際投保費率應以各保險公司核保為準

　　若把上表年繳換算成月繳，各年齡每月新增保費約落在 80 元~1 千元間。將之加到《表 5-1》，就可知道你成家後感恩配置的

總保費。假如你提高的保額不是 100 萬，而是 30 萬、500 萬等其他金額，按比例計算即可。另外，若你加買的不是定期壽險，而是終身壽險，那就會貴很多，但一樣可拿摺頁母表的數字按比例計算，便可知新增保費多少。

再來看看實惠配置，記得嗎？這是用定期壽險當主約，不用終身壽險。假設你成家後，覺得新增 50 萬的身故保額即可，那就如下表。

《表 7-3 例：成家後保障險「實惠配置」新增項目及保費》

類別		險種	保單舉例	給付方式	新增保額	參考新增年繳保費（元）				
							25 歲	35 歲	45 歲	50 歲
身故類	核心	定期壽險	消耗型 20 年附約	一次給付契約結束	+50 萬（把 1 組保險之 50 萬提高到 100 萬）	男	1,000	1,950	4,100	6,100
						女	500	1,000	2,150	3,300

註：本表之保費僅供概略參考，實際投保費率應以各保險公司核保為準

若把上表年繳換算成月繳，各年齡每月新增保費約落在 40 元 ~5 百元間。把它加到《表 5-2》，就可知道你成家後實惠配置的總保費。其他數字的新增保額按比例計算即可。

還有一件事，你們兩個誰該投保？有兩種做法。首先，你們可以用《表 1-1》分別估算身故保額，然後分別買各自的心安配置。感恩也好、實惠也罷，甚至只是救命配置，都是各自買起來。不能只有一個買，另一個不買。第二種做法是，合起來估算你們全家的身故保額，然後按收入比例分配給彼此；而醫療和長照類則仍維持各自買各自的保單（因體家職風險不同）。如下例。

例 e.g. **夫妻按收入比例投保身故保額**

王先生跟王太太年薪合計 300 萬，其中王先生 200 萬、王太太 100 萬。他用《表1-1》算出全家的身故保額要 900 萬才夠，則王氏夫婦分別應投保多少？

王先生應投保 600 萬、王太太投保 300 萬。這樣萬一王先生走了，全家少了 2/3 收入，但必要身故保額也可補回 2/3。

若王太太收入 0，則王先生應投保 900 萬。

若王太太收入跟王先生一樣，則兩人各投保 450 萬。

除了上述重估並調整身故保額外，若成家後兩人一起打拼，果真賺更多的錢，或因為在家開伙、共用家具等，而省下一些日常生活支出，則可依個人的體家職風險，分別斟酌提高醫療 / 長照保額，或加買幾個補強險種。

第八章 生子：養兒育女樂天倫

　　這裡的生子除了結婚生小孩外，還包括領養、單親帶小孩、非婚生子女、繼子女等等，反正就是你有撫養未成年小孩的責任。

　　生子前，準備生子基金；生子後，大幅提高身故保額、增加醫療和長照保障，並準備高等教育基金。

　　常聽說現在很多年輕人不敢生小孩，原因是怕養不起。其實，人怕的多半是未知，而非困難。就像你走在黑暗中會怕，但若拿手電筒走暗路，就算毛毛的，還是可以走下去。生養小孩也是一樣的道理。若搞不清楚生養小孩要花多少錢，那你當然會擔心，然後一晃眼就過了生育年齡。但我希望當你讀完本章，知道、也有能力準備生子所需的錢後，可以心安地去生養小孩。我自己養大兩個小孩的經驗告訴我，小孩是上天的恩賜。嬰幼兒的天真無邪，提醒大人們回歸純樸的自性；陪著他們長大，爸媽也可以從歡樂和挫折中學到很多！

《表 8-1 圓夢表：生子》

圓夢做法		生子前	生子後
投資	準備生子基金	至少有 9 個月的時間準備，每月存個 5 千、1 萬，最好存到 10 萬以上；若 3 年以上，可拉高投資的比重	（出發的 2 筆投資仍須持續）
		（出發的 2 筆投資仍持續）	
	準備子女高等教育基金	~	最多有 23~24 年準備 200~1,000 萬或更多；適合用穩健投資四法去規劃
			如果小孩一出生就幫他做定時定額每月至少 4 千元、或心安單筆 70~100 萬、或 1 萬元儲蓄險加 3 千元定時定額，等到他 24 歲大學畢業時，會有約 200 萬到 500 萬
		（出發的 2 筆投資仍持續）	（出發的 2 筆投資仍須持續）
保險	感恩配置	（維持出發的 1 組保險，或成家後的感恩配置）	依《表 1-1》重估身故保障缺口
			假設要拉高到 1,000 萬，把 1 組保險 50 萬的終身壽險保額，改用「終身壽險 200 萬 +20 年定期壽險 800 萬」取代，則每年的新增保費 25 歲 4~6 萬、35 歲 6~8 萬多、45 歲約 9~13 萬多、50 歲約 11~17 萬；換算各年齡每月新增保費約 4 千 ~1.4 萬
			評估身心負擔加重後的體家職風險，提高醫療和長照類保額，或加買補強險種
	實惠配置	（維持出發的 1 組保險，或成家後的實惠配置）	依《表 1-1》重估身故保障缺口
			假設拉高到 1,000 萬，把 1 組保險的 20 年定期壽險保額從 50 萬提高到 1,000 萬，每年新增保費 25 歲 1~2 萬、35 歲 2~4 萬、45 歲約 4~8 萬、50 歲約 6~12 萬；換算各年齡每月新增保費約 8 百元 ~1 萬左右
			評估身心負擔加重後的體家職風險，提高醫療和長照類保額，或加買補強險種

註：本表僅供規劃參考，不保證任何投資績效，且實際投保費率應以各保險公司核保為準

第一節 投資穩：生子前，準備生子基金；生子後，準備高等教育基金

　　生子前，要準備多少錢？大概 10 萬起跳。包括孕婦用品、產檢、生產費用、升等病房、坐月子、新生嬰兒用品等等。當然，你若想花幾百萬去生小孩，那也無妨，量力而為就是！不管怎樣，備妥生子基金再生，總是比較心安。生子基金的特性是正常懷胎十月下，你至少有 9 個月的準備時間。一般最快第四週可以驗孕出來，故若是不小心懷孕，那還會有 9 個月可以準備。這期間萬一早產，就只好動用緊急預備金（希望你沒忘記第五章的理財鐵序）。但如果你們是計劃懷孕，譬如打算逍遙幾年後再生子，那你們就有更多的時間準備。由於時間不很長、不確定，故生子基金仍以「投資＋儲蓄」為上策，跟上一章的成家基金類似。若真的只有 9 個月準備，那就每月存個 5 千、1 萬，只做儲蓄、不要做投資冒險了。若有 3 年以上，才拉高投資的比重。

　　生小孩有錢領喔！像勞保的一個月生育津貼、一些地方政府的生子補助、育兒津貼等，有些企業也會給生子津貼。然而，真正花大錢的是在生子之後，撇開日常食衣住行和教養費不談，最大的一筆是深造碩博士的高等教育基金。這筆錢有多大？國內念 2 到 7 年至少 200 萬，到美日歐多半一年就要 200~400 萬，兩年 400~800 萬、甚至上千萬！有人會想：「把他拉拔到國內大專畢業就很好了。」沒錯，小孩 20 歲成年，爸媽的責任也算盡到了。但你若望子女成

龍鳳，許願：「若小孩會念書，就給他經費讓他更上層樓。」那麼，你就需趁早準備這筆可觀的高等教育基金。

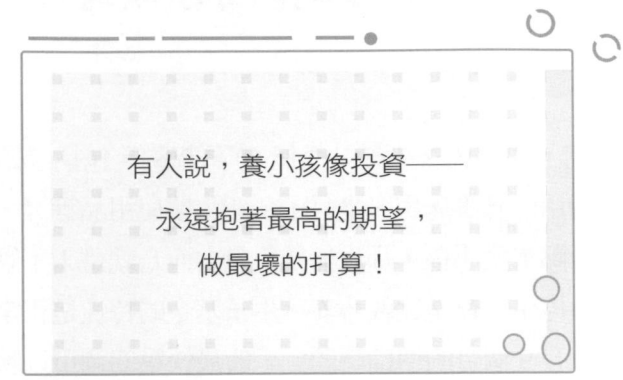

> 有人說，養小孩像投資——
> 永遠抱著最高的期望，
> 做最壞的打算！

準備高等教育基金其實是進可攻退可守的。若子女真要深造，就幫他一把，爸媽自己也實現了最高的期望。若不深造，爸媽也可投資子女的創業，或乾脆拿來自己用！補強退休金也好、環遊世界也罷，反正就是多了這麼一筆錢。所以，為什麼不存呢？

高等教育基金的特性是最多有 23~24 年的時間準備 200~1,000 萬或更多。正常狀況下，23 歲大學畢業，女生及不須服役的男生可立即深造，要服役者則會多 1 年，最快 24 歲開始深造。有這麼長的時間，用穩健投資四法效果最好。愈早準備、時間愈多、負擔愈輕。我自己就是從小孩一出生就開始做定時定額和母子基金複合投資法，每月存點小錢，20 年下來就相當可觀。

例 e.g. 準備小孩高等教育基金（1）

至少要 200 萬；0 歲做到 24 歲，共 24 年。

穩健投資第一法：定時定額 1 萬，查《表 3-1》24 年底時，約 560~1,100 萬。若至少要存 200 萬，每月至少應做 4 千元（按

比例 0.4 可得約 224~440 萬）。

穩健投資第二法：心安單筆 70 萬，查《表 3-2》24 年底時，約 214~571 萬。

若你的投資提早達陣，則可用理財險保住戰果。

例
e.g.
▶ **準備小孩高等教育基金（2）**
穩健投資第三法：用壽險型儲蓄險保住心安單筆的戰果

心安單筆 100 萬，第 15 年底轉做儲蓄險。

查《表 3-2》15 年底時，約 200~370 萬，至少已達到最低要求的 200 萬。此時若轉做 IRR3% 的壽險型儲蓄險，到 24 歲還有 9 年，故乘以 1.03 的 9 次方，第 24 年底約變成 260~482 萬。

另外，若想更穩健心安，可一開始就同時做儲蓄險和投資錢。

例
e.g.
▶ **準備小孩高等教育基金（3）**
穩健投資第四法：用壽險型儲蓄險打地基、定時定額起高樓

每月投入 1.3 萬元，其中 1 萬買壽險型儲蓄險，3 千做定時定額，用以準備 24 年後的小孩高等教育基金。

壽險型儲蓄險：年繳 12 萬（等於月繳 1 萬）、買 10 年繳費增額終身壽險，若預定利率 2%、附加費用率 25%、10 年繳費期滿後繼續以 2% 複利滾存 14 年；到第 24 年底解約，至少領回 130 萬，這是打地基。

定時定額：每月 1 萬，查《表 3-1》24 年底時，約 560~1,100 萬。本例是每月 3 千，故乘以 0.3，得到 168~330 萬，這就是起高樓。

上二者合計共 298~460 萬，穩穩達到至少 200 萬的目標。

　　上面例 2 和 3 運用壽險型儲蓄險的例子，有些讀者可能會覺得報酬率太低，還是全部只做投資就好了，畢竟這麼長的時間，定時定額或心安單筆的成功機會不低啊？可你有沒有想過，萬一你在這 24 年內早逝呢？壽險會賠、投資不會喔！第二章提過，壽險型儲蓄險的死亡給付通常不會低於你已繳的保費，若繳費期滿後才死還會領更多，再更久甚至可多個幾倍，且免遺產稅和所得稅的機會不小，所以是很好的地基；至於投資，若在你身故時剛好處於虧損狀態，或被課到遺產稅，你留下的錢就可能變少。

　　有些情況下，準備時間會短於 24 年。譬如小孩 12 歲小學畢業就送出國，或等到七、八歲才開始準備等等。不管幾年，你都可參考上面諸例或附錄二輕鬆概估。但若因故只有 3~6 年的時間準備，那你最好比照上一章成家基金做「投資＋儲蓄」，不要只做投資，免得不確定性太高。只不過，太晚開始準備、又加入較保守的儲蓄，你每年需投入的本金就要更多。

　　生幾個小孩，就做幾筆高等教育基金。同時，你先前做的 2 筆投資仍應持續，那是你自己的保障，不是小孩的。讀到這裡，你覺得可以負擔嗎？台灣少子化問題嚴重，你若有能力，多生幾個吧！別人生得少，你小孩的競爭對手也少；加上高等教育基金這筆錢進可攻退可守，何樂不為？

第二節 保險準：生子後，大幅提高身故保額，並增加醫療 / 長照保障

生子後，正式進入重擔期！為了保障幼子，你必會更加努力工作賺錢，但你的身心負荷也會加重，因而會帶來兩個很大的風險，一是早逝、二是醫療和長照。所以，一要提高你的身故保額，二要增加你的（不是小孩的）醫療 / 長照保障。

首先用《表 1-1》重估身故保額，主要的增加會來自全家生活費和子女教育。假設共需增加到 1,000 萬。由於附約保額不可超過主約的 5 倍左右，而《表 5-1》內感恩配置的終身壽險只有 50 萬，你無法直接把定期壽險拉高到 950 萬，於是你改用「終身壽險 200 萬 +20 年定期壽險 800 萬」的經典組合，做了感恩配置如下。

《表 8-2 例：生子後保障險「感恩配置」新增項目及保費》

類別	險種	保單舉例	給付方式	新增保額		參考新增年繳保費（元）			
						25 歲	35 歲	45 歲	50 歲
身故類	核心	終身壽險	繳費 20 年消耗型主約	一次給付契約結束	+150 萬（把 1 組保險之 50 萬提高到 200 萬）	男	42,900	54,150	66,750	72,000
						女	36,900	46,950	57,750	64,050
		定期壽險	消耗型 20 年附約	一次給付契約結束	+800 萬（把 1 組保險之 0 萬提高到 800 萬）	男	16,000	31,200	65,600	97,600
						女	8,000	16,000	34,400	52,800
新增年繳保費合計						男	58,900	85,350	132,350	169,600
						女	44,900	62,950	92,150	116,850

註：本表之保費僅供概略參考，實際投保費率應以各保險公司核保為準

用 20 年的定期壽險保障小孩是很恰當的，因為剛好從小孩出生保到成年。把上表的保費加到《表 5-1》中，就可知道生子後感恩配置的總保費。上表 1,000 萬身故保額乃假設平均每年花 50 萬養他 20 年，你可用你自己的數字，放到《表 1-1》去估算，量力而為、心安才好。

重要叮嚀：生子後，新增的身故保額可照上一章所說的，按夫妻收入比例分別投保。若你擔心父母雙亡，幼子成了孤兒，大筆理賠金被不肖人士挪用，那你可以做第四節的保險金信託。心，就安了。

上面這個生子後的感恩配置光把身故保額提高到 1,000 萬，各年齡年繳保費就新增 4~17 萬左右，換算每月新增約 4 千 ~1.4 萬多。若再提高醫療 / 長照保額，還會更多。然而，這是必要的！因為生子後，你們倆又要賺錢、又要顧家，身心負擔都會加重，體家職風險明顯上升，所以務必擠出預算來做這件事。真不行，寧可晚幾年準備高等教育基金，也必須先把這些保險買好。保費不便宜，但想想，可買到 1,000 萬身故、接近全套的醫療、和 1,500 萬以上的長照保障，其實是很不錯的！因為這麼大的錢，多數人在三、四十歲生子時，很難靠投資就做得到，所以理財金律才會說：「沒時間，靠保險！」

綜上粗估，生一個小孩，每月的投資和保險支出至少需新增 1、2 萬元。若你可以負擔，生吧！

若感恩配置負擔太重，你們可先買實惠配置，假設把《表 5-2》的 20 年定期壽險保額從 50 萬提高到 1,000 萬，則如下表。

《表 8-3 例：生子後保障險「實惠配置」新增項目及保費》

類別	險種	保單舉例	給付方式	新增保額		參考新增年繳保費（元）			
						25 歲	35 歲	45 歲	50 歲
身故類	核心	定期壽險	消耗型 20 年主約	一次給付契約結束	+950 萬（把 1 組保險之 50 萬提高到 1,000 萬）	男	19,000	37,050	77,900	115,900
						女	9,500	19,000	40,850	62,700

註：本表之保費僅供概略參考，實際投保費率應以各保險公司核保為準

　　上表年繳保費新增約 1~12 萬，換算各年齡每月新增保費約 8 百元 ~1 萬，比感恩配置便宜很多。把它加到《表 5-2》中，就可知道生子後實惠配置的總保費了。

　　另外，上面這個實惠配置仍需重估體家職風險，拉高醫療 / 長照保額或加買補強險種，才算完整。還有，當你收入增多之後，可逐步添加日額型醫療險、長照三險等，往感恩配置邁進。

第三節 幫小孩買保險？

　　若你倒下了，哪個保險可保護你的小孩？是以小孩為被保險人、你幫小孩買的保險？還是你當被保險人、幫自己買的保險？

　　很多父母愛子心切，會幫小孩買保險。這是好事，但切記先大人後小孩！你要優先保障的是你這個賺錢主力，有餘力才可買給小孩。不然萬一主力倒了，主約理賠後失效，則小孩的保險附約若不是跟著失效，就是沒錢續繳。

　　好吧，若你自己和另一半的保險都做好了，還有餘力要幫小孩買，買什麼呢？小孩子活蹦亂跳，意外險、意外醫療險（含重大燒燙傷）、住院醫療險、骨折險等是基本配備。有癌症家族史者，則可買些癌症險。其次，才考慮長照三險。至於終身壽險，買的唯一理由是便宜。早早便宜買，用 20 年繳清，送他當成年禮物，讓他爾後要做 1 組保險時，輕鬆掛上其他附約便可完成。小孩的保險最好要保人（出錢的大人）有豁免保費，大人出事時，可免繳保費，持續保障小孩。

　　上面這些聽起來都很好，但卻有個大問題：通膨！這是保障險四大罩門之一，對小孩保險的威脅尤大，因為時間太久。

通膨的威脅（以長期平均通膨 2% 為例）

日額 3 千元的醫療險，20 年後的購買力，僅剩相當於今天的 2 千元出頭（=3,000/1.02 的 20 次方）、30 年後剩 1,656 元、50 年後剩 1 千元出頭。

今天花醫藥費 10 萬，20 年後需要 15 萬、50 年後更要 27 萬才跟今天的購買力相當。若買限額 15 萬的實支實付，今天夠、20 年後剛好，但等到小孩 50 歲時，就差多了。

終身壽險 100 萬，20 年後的購買力剩 67 萬多、30 年剩 55 萬多、50 年剩 37 萬多。

小孩出生就幫他買月領 5 萬的長照三險，20 年剩約 3.4 萬、30 年剩 2.7 萬、60 年剩 1.5 萬，而這時他才 60 歲！

最後，我還是要再次強調先大人後小孩，小孩子最大的保障不是保險，而是爸媽！其實你若沒有幫小孩買保險，也不用太擔心。只要就學，就會有學生團體保險，提供最基礎的保障！

第四節 善用「保險金信託」， 保障弱勢子女

　　有對恩愛夫妻，生下一個唐寶寶，雖然弱智，但能歌善舞、非常可愛，夫妻倆疼愛有加。爸媽上班時，寶寶也去上學；假日經常在近郊踏青，尤其喜歡到佛寺參拜，全家充滿著愛，其樂也融融。爸媽是固定收入的上班族，有替自己買了一點壽險，也從寶寶 3 歲起就開始做定時定額給她。轉眼寶寶已 10 歲了，雖然存的錢漸漸增多，可是看著寶寶一天天長大，心頭卻愈來愈重。擔心的是哪天爸媽不在了，寶寶又不會處理這些錢，萬一被不肖人士挪用，那寶寶怎麼辦？

照顧弱勢遺族三件事

　　當你要用錢照顧弱勢遺族，又擔心你死後，他無法處理，此時你可做三件事：

　　（1）首先，你出錢幫他買醫療或長照類保險，並加買針對要保人（出錢的人，也就是你）的豁免保費。這樣當你身故或重殘時，弱勢遺族可不必再繳保費，持續獲得保障。

　　（2）其次，做保險金信託（第六章第三節）。將上述你幫他買的保單，及你自己保單的身故理賠金，交付信託代管、運用、給付指定的特定人去照顧他。

　　（3）你若不幫他買保單，而是打算直接留筆錢給他，那也可把這筆錢交付信託。

　　以上這三件事除了照顧弱勢遺族外，也很適合保障單親爸媽的未成年子女、待奉養的年邁高堂；甚至夫妻相互保障、對特定團體的捐獻等等。

　　生子後，你家庭事業兩頭燒，除了做好本章的投資和保險之外，維持你自己心身的健康，才是你小孩最好的保障。預防勝於治療，希望健康別冊可幫得上忙。

　　祝福你：心身健康，多子多孫；投資錢順利，保障險槓龜！

　　小孩真的是上天的禮物，做好準備，然後好好享受吧！

第九章 買房：築個窩

　　若你已有房子，也無房貸，那你可以跳過這一章。這裡的買房主要是指買來自住的窩，尤其是有房貸者。若你是房地產投資客，除了要注意這裡所談的外，還會有資金成本、週轉等其他考量，此處不討論。

　　不管大小，有個自己的窩真好！然對領固定薪水的上班族而言，要那麼多錢買房的夢想有如摘星般遙不可及。若不買房，替代方案當然就是租房了。到底要買或租，可以做許多分析計算，但最重要的還是量力而為、知足常樂！你住得舒不舒服，關鍵不在豪宅或斗室，而在心境！只要心念一轉，買或租都可一樣溫暖。話說回來，就算你這輩子都買不了房，也沒啥大不了，反正人生所有東西都是租的，兩腿一蹬，什麼也帶不走。

　　買房前，準備買房基金；買房後，若有房貸，必買房貸壽險，且必須有長期還款能力。

　　若你決定買房，那就須從長計議。先看底下的結論再談細節。

《表 9-1 圓夢表：買房》

圓夢做法		買房前	買房後
投資	買房前，準備買房基金；買房後，須有能力負擔新增支出	買房基金通常需要用幾年、甚至幾十年的時間，備妥幾百萬到幾千萬	買房後，須有能力負擔新增支出，這至少包括房屋稅、地價稅；每年存下房價的 2% 當做修繕準備金；以及下面的房貸和保險支出 （原則上出發的 2 筆投資最好仍持續）
		若準備時間短於 6 年，應以「投資＋儲蓄」為主；例如每月 10 萬做「投資＋儲蓄」6 年，約可存到 8、9 百萬；時間短，多些儲蓄；時間長，則多些投資	
		若時間長於 6 年，可用穩健投資四法去規劃；例如每月定時定額 3.6 萬或心安單筆投資 500 萬，15 年後大約可有 1,000 萬	
		原則上，出發的 2 筆投資最好仍持續，但若不買房不心安，則可考慮動用出發的 2 筆投資，老後再設法用房子換出現金自保	
保險	房貸壽險	～	投保「等期等額」的遞減型房貸壽險；以 30 年房貸 1,000 萬為例，若躉繳買房貸壽險之保費也同時做貸款，利率 2% 的話，兩者合計每月還款約 3.7~4.5 萬，即每年新增支出約 45~54 萬之譜；火險、地震險等也都應投保，每年幾千元可買幾百萬保額
		（維持出發的 1 組保險，或成家後、或生子後的「心安配置」）	

註：本表僅供規劃參考，不保證任何投資績效，且實際投保費率應以各保險公司核保為準

第一節 投資穩：買房前，準備買房基金

買房基金的特色是用幾年、甚至幾十年的時間，備妥幾百萬到幾千萬，以供頭期款或全部房價之需。

若你只用 6 年以內的時間準備，那仍應以「投資 + 儲蓄」為主（第七章）；時間更短，就多些儲蓄；更長則多些投資。當然，短短幾年就要備妥這麼多錢，你每年投入的錢就需幾十、幾百萬，故必然是在你收入很高的時期為之。

例 e.g. **6 年準備買房基金**

每月 10 萬元做「投資 + 儲蓄」6 年。

穩健投資第一法：定時定額 10 萬，查《表 3-1》知 6 年後有 900~1,100 萬。

儲蓄：月存 10 萬、利率 1%，6 年投入本金 720 萬，6 年後本利和約 742 萬。

各半：每月定時定額、儲蓄各 5 萬，6 年後合計約 821~921 萬（上二者相加除以 2）。

對於白手起家的人來說，最可能的狀況是，出社會一、二十年，存了幾百萬後，才開始好像真的有點能力買房。由於準備時間夠長，穩健投資四法就很合用，舉例如下。

例
e.g.

15 年準備買房基金

你 33 歲，希望 48 歲買房，打算用 15 年準備至少 1,000 萬。

穩健投資第一法：定時定額 1 萬，查《表 3-1》知 15 年底約 275~420 萬。若至少要存 1,000 萬，則每月至少應做 3.6 萬，到 15 年底約 1,000~1,500 萬。

穩健投資第二法：心安單筆 500 萬，查《表 3-2》知 15 年底約 1,010~1,860 萬。

你會問：「上例 33 歲年紀輕輕，哪來 500 萬做第二法啊？」除了高薪、遺產或接受贈與外，其實，也可能是動用出發的 2 筆投資改成買房基金。（由《表 3-1》，月存 1 萬、9 年約 145~190 萬，故從 24 歲到 33 歲的 9 年間，若薪水夠高、可以月存 3 萬、就乘以 3，可得 435~570 萬，亦即 33 歲時就會有 500 萬左右）

嗄？動用 2 筆投資？這不是要準備退休金和補強保障險罩門，不能動的嗎？是的，原則上最好不要動。但你若實在太想買房，不買就不心安，那就拿來買吧！買了讓自己享受窩居之樂，心安為上。你又問：「那老後怎麼辦？」其實，老後不需要住太大的房子，你可賣掉換小一點的，就有多出的錢啦！你也可拿房子去抵押借款或辦理「以房養老」，往生後，跟銀行資債相抵、兩不相欠。（你問：那不就沒辦法留給小孩了？我說：你想太多！）

準備買房基金也可運用穩健投資第三、四法，請回頭看第五章 2 筆投資的例子或附錄二，此處不再贅述。

多數的人都會做房貸，故買房前除了準備買房基金外，你更須確定你有能力持續還款二、三十年。問題來了：萬一賺錢主力出事，遺族無力還款，怎麼辦？下節的房貸壽險是最好的解方。

第二節 保險準：若有房貸，
必買房貸壽險

　　楊先生是四十多歲的上班族，平時勤練氣功，雖是 B 肝帶原，二十多年來卻也沒什麼大病，所以也不做體檢（故也沒有壽險）。有天突覺胃痛，一檢查居然是十多公分的肝癌末期，不但已經擴散，且因長的位置太刁鑽，無法手術切除。急病求醫卻枉然，不到兩個月便撒手人寰，留下數百萬房貸、領固定薪的公務員愛妻、和就讀小學的愛子，家庭財務頓如千斤壓頂！

　　買房後，若你回到《表 1-1》重估身故保障缺口，多出的必然是房貸金額。此時，你應買遞減型房貸壽險去填補缺口。投保年期等於房貸年期，保額隨房貸餘額遞減，剩多少房貸餘額，就剩多少保額。被保險人（貸款人，就是你）身故時，理賠金直接付給銀行還清貸款，遺族就可繼續住在原來的房子，完全沒有還款壓力。

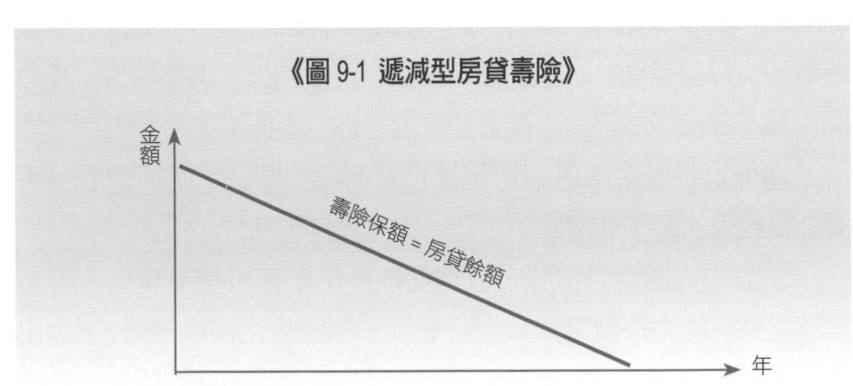

《圖 9-1 遞減型房貸壽險》

金額

壽險保額 = 房貸餘額

年

例 房貸壽險的概念
e.g.

房貸 500 萬、30 年。

房貸壽險保額第一年就是 500 萬的房貸金額；第二年房貸餘額若剩 490 萬，保額也跟著降為 490 萬；第三年 480 萬……，到第 30 年末時還清房貸，保額也降到零。

假設 30 年總保費 40 萬，若選擇躉繳，可自掏腰包、或在借房貸 500 萬時多借 40 萬出來一次付清保費，爾後分 30 年攤還這 540 萬。

遞減型房貸壽險本質是定期壽險，且是「等期等額」，即投保年期等於房貸年期、保額隨房貸餘額遞減，且事先約定死亡給付優先償還房貸。優點是專款專用，可卸除遺族的還款壓力；缺點也是專款專用，理賠金無法拿去支應更緊急的需求 - 如果有的話。市售房貸壽險除了身故 / 完全失能理賠外，通常不會有定期壽險的其他給付，如保單更約權等；倒是多半會加入許多意外險和健康險的給付，像重大燒燙傷、意外身故、特定意外（陸、水、空難）身故、癌症、1~6 級失能、失能分期扶助金、遺族分期扶助金等等，以緩解這些意外帶給遺族措手不及的巨大衝擊。然而，為了避免跟你先前做好的 1 組保險重複，除了死亡給付外，其他項目其實不必太多，以免過度保障、浪費保費。像下表是一個 30 年遞減型定期壽險 1,000 萬，除了身故 / 完全失能外，就只多了重大燒燙傷給付。

《表 9-2 例：買房後投保房貸壽險及參考保費》

類別	險種	保單舉例	給付方式	房貸壽險保額		參考新增躉繳保費（元）			
						25 歲	35 歲	45 歲	50 歲
身故類	核心	定期壽險	30 年遞減型	一次給付契約結束	+1,000 萬	男	401,000	757,000	1,578,000	2,293,000
						女	198,000	388,000	860,000	1,330,000

註：本表之保費僅供概略參考，實際投保費率應以各保險公司核保為準

　　只要還有房貸餘額，就可隨時投保房貸壽險。若是新做，銀行幾乎都會提供利率折扣等優惠，鼓勵你把房貸跟躉繳的保費一次借出來，再逐年攤還（也可不借這筆躉繳的保費，後面再自掏腰包分期繳）。像上表的參考新增躉繳保費就是你跟銀行借 1,000 萬房貸時，再多借的保費。譬如 35 歲男性全部的總貸款會是 10,757,000元，後面 30 年再逐月還本付息。就此例來說，若貸款利率 2%，每月還款支出約為：

《表 9-3 例：買房後房貸及房貸壽險每月還款金額》

須償還的貸款項目（假設利率 2%）		參考每月還款金額（元）			
		25 歲	35 歲	45 歲	50 歲
30 年房貸 1,000 萬	男	36,962	36,962	36,962	36,962
	女	36,962	36,962	36,962	36,962
30 年房貸壽險 向銀行借的躉繳保費《表 9-2》	男	1,482	2,798	5,833	8,475
	女	732	1,434	3,179	4,916
合計	男	38,444	39,760	42,795	45,437
	女	37,694	38,396	40,141	41,878

註：本表僅供概略參考，實際還款金額應以各銀行核算為準

　　看到了嗎？買房後，借 30 年房貸 1,000 萬、加上房貸壽險躉

繳保費也跟銀行借，利率 2% 的話，每月新增支出約 3.7~4.5 萬，換算每年 4、50 萬！這個支出高達《表 5-1》1 組保險感恩配置的 3~5 倍，且要連續支付 30 年！買房給你歸宿感，1 組保險保你度無常，孰輕孰重，宜多斟酌。如果你問我，我一定建議你優先做好 1 組保險和 2 筆投資，方可許願買房。

另外，還有一種平準型房貸壽險，這其實就是一般的平準型定期壽險（每期保費和保額都不變），只不過特別約定優先償還房貸而已。被保險人身故時，保險公司先把理賠金付給銀行還房貸，不夠的話，繼承人仍須繼續還款；若有剩餘，才交給繼承人。

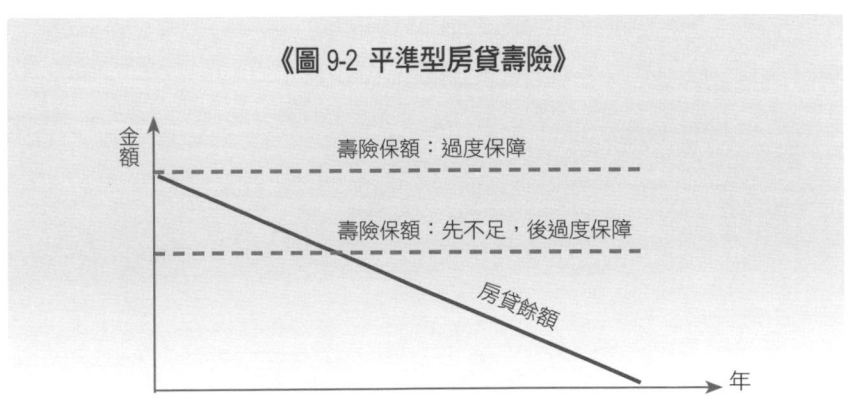

《圖 9-2 平準型房貸壽險》

平準型房貸壽險之保額未隨時間遞減，保費當然比遞減型貴。正常狀況下，投保遞減型，貸多少、保多少，是較有效率的做法。

買房後的新增支出你能負擔嗎？在真正下手買房前也須慎重評估。有些房貸會先給幾年的寬限期，只付息、不還本金。你千萬不能只看輕鬆的前幾年，一定要用《表 9-3》看看你到底負不負擔得起。其次，買房後還有一些必要支出，你也應一併考量，包括跟

產險公司買的火險、地震險等小錢，每年幾千元便可買到幾百萬的保額；但是房屋稅、地價稅則可大可小。還有，最好每年存下房價的 1~2%，以支應修繕、重新裝潢等不定期支出。（以使用年限 50 年計，每年約 2%）

買房是人生最重大的財務決策之一，若你做得到，恭喜你！若有困難，也不必費盡力氣卻變成屋奴，就買小一點，不必貸到上千萬；真買不起，就租。當然，要買要租，各有優劣，總之，量力而為、知足常樂，心安為上！

第十章 海外旅行：翱遊四海

旅行是很常見的夢想，尤其是出國看看異國風情。這件事的花費可大可小。大的話，一趟花個幾十萬、上百萬；小的話，一、兩萬也可盡興。

海外大旅行前，準備旅遊基金；出遊前，要買好旅行平安險「心安旅遊套餐」。（這是我取的名稱，若跟任何業者的產品名稱相同，純屬巧合）

《表 10-1 圓夢表：海外旅行》

	圓夢做法	海外旅行前
投資	準備旅遊基金	旅遊基金的準備時間可長可短
		若每月「投資＋儲蓄」5 千元，3 年可望存到 20 萬左右；時間更短，儲蓄就多些；時間長，投資就多些
		若用 21 年準備，月存 3 千定時定額，或心安單筆投資 40 萬，都可期待 21 年後有至少 100 萬的大錢出遊
		（出發的 2 筆投資仍須持續）
保險	旅行平安險	投保「心安旅遊套餐」
		（維持出發的 1 組保險，或成家後、或生子後的「心安配置」）

註：本表僅供規劃參考，不保證任何投資績效，且實際投保費率應以各保險公司核保為準

第一節 投資穩：海外大旅行前，
準備旅遊基金

　　幾萬塊錢的小旅行，靠三節獎金就做得到；但到海外大旅行，可能就要存上好幾年才夠。旅遊基金的特色是希望很快準備足夠的旅費。這裡的足夠可能是旅行團的團費，或是你自助旅行的預估花費；至於很快，心態上當然是愈快愈好，但實務上，多久方可存夠旅費，取決於你每個月能存多少錢、投資報酬率多少。基於這個特色，旅遊基金跟成家基金類似，存錢的時間可長可短。若準備時間大約 3 年，「投資＋儲蓄」仍是較好的方法。

例 e.g. ▸ 3 年籌措旅遊基金

　　每月 5 千元做「投資＋儲蓄」3 年，希望存至少 20 萬。

　　穩健投資第一法：定時定額 1 萬，查《表 3-1》知 3 年後約 40~50 萬，故月存 5 千的話，減半是 20~25 萬。

　　儲蓄：若月存 5 千、利率 1%，3 年本金 18 萬，3 年後本利和僅約 18.3 萬。

　　各半：每月做定時定額、儲蓄各 2,500 元，3 年後合計約 19~22 萬（上二者相加除以 2）。若你要負擔 2 個人的費用，則上述金額全部乘以 2。

　　如果你希望用更長的時間，存更多的錢，走更遠、更久，譬如用 20 年存個百來萬，去一趟南極或環遊世界，那麼你就可用穩

健投資四法去規劃。

例
e.g.

21 年籌措環遊世界基金

希望 21 年至少存 100 萬。

穩健投資第一法：定時定額每月 1 萬，查《表3-1》21 年底，約 450~810 萬，乘以 0.3 可得到約 135~243 萬，滿足至少 100 萬的目標。故每月做定時定額 3 千元即可。

穩健投資第二法：心安單筆 40 萬元，查《表3-2》21 年底，約 106~251 萬。

當然，你還有穩健投資第三、四法可交互運用，可參第五章或附錄二。

現代年輕人非常喜歡出國。只要手邊多個幾萬塊，就想利用最近的連假出國。這本是好事，除了增長見聞，也可釋放工作壓力，有益心身。但我還是要提醒兩點。第一，務必先做好 1 組保險以及 2 筆投資，有餘力再花錢旅行。因為除非你以旅行為業，不然旅行就不是錢滾錢的資本財，而是花了一去不回的消費財。當然，你要花多少錢享受今天，又要存多少錢防範未來，這都是你的選擇，關鍵還是要心安才好 - 事前、事中、事後都要心安！第二是量力而為、知足常樂，千萬不要借錢旅行，或拼命刷卡變成卡奴。很多時候，等待愈久、樂趣愈多。好辛苦才存到一筆錢，出去玩的時候就會更加珍惜，細細品味每一幕異國景色和食物。這種從心底發出來的滋味，比不必存錢，隨時都可出國的人，更加甜美。心安，方可享受旅行！

第二節 保險準：海外出遊前，買好旅行平安險之「心安旅遊套餐」

海外旅行很愉快，但最怕遇到突發疾病、意外受傷、或緊急事故求救無門！海外旅行兩大錢坑：一是就醫；二是海外急難救助。

下面是我遇到的實例：

陳小姐花 10 萬參加西班牙旅行團，才下飛機，就有團員老蔡不舒服，撐到晚餐後還是沒改善，導遊便帶老蔡去醫院打點滴，前後只待三小時，竟花了 400 歐元、約台幣 2 萬、佔團費 1/5 ！

陳小姐另有一位親戚，帶著 13 歲的兒子赴美旅遊，有天半夜兒子肚痛，叫救護車送急診，除了超音波檢查、打點滴外，藥也沒拿、院也沒住，天亮就回家，居然花了 1 萬美元！

你一定會說，我都有買旅行平安險啊！而且刷卡就會送好幾千萬耶！有時候在機場買，也很方便啊！然而，你買對了嗎？買貴了嗎？

刷卡送的幾千萬保險，大多僅是意外險的死亡及失能理賠，而且只針對在機船上出事才會賠，最多再保障搭乘前後的 2~5 小時；只有極少數頂級卡才會保障全程，並加送意外醫療險；至於最重要的海外突發疾病，則幾乎都不會贈送。那麼旅行平安險到底要怎樣才算買對？

《表 10-2 海外旅行「心安旅遊套餐」舉例》

心安旅遊套餐		保額（萬）	參考保費（元）- 產險公司			
			5 天	10 天	15 天	20 天
A. 旅行平安險（意外險）	主約	1,000				
B. 意外醫療險（實支實付）	附約	100	1,450	1,850	2,180	2,540
C. 海外突發疾病健康保險	附約	100				
D. SOS 海外緊急救援服務	附約	多附贈				
E. 其他常須連帶購買的套裝保障譬如：行李 / 交通票證 / 旅行文件損失 2.5 萬、行李延誤 5 萬、行程延誤 2 萬						

註：本表費率僅供參考，實際投保費率應以各保險公司核保為準

上表心安旅遊套餐的核心是 A/B/C/D，而 E 則是錦上添花。

首先，A 是意外險，也是旅行平安險的主約，至少應買 1,000 萬。保障到台澎金馬以外地區旅行（即海外），遭受意外傷害導致的死亡及失能；最多保到 180 天。

《圖 10-1 「心安旅遊套餐」四個必買要件》

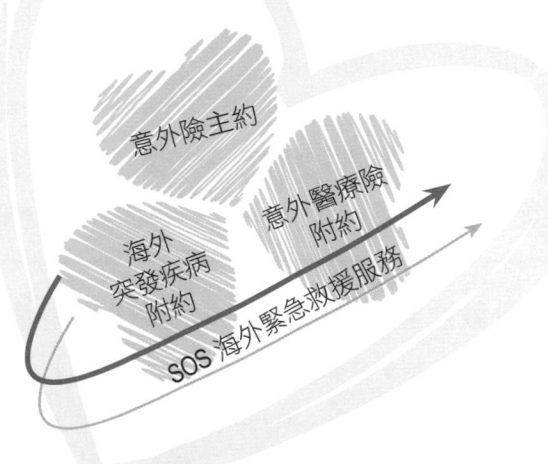

其次，B 和 C 是要對抗就醫的錢坑；B 防意外、C 防疾病。B 是意外醫療險附約，針對意外導致的醫療費用在限額內實支實付。B 要買到 100 萬才初步心安，若要更高，由於附約保額通常不能超過主約的 10%，故須先提高主約 A 的保額，譬如買 1,500 萬，方可買到 150 萬。有些保險公司也可另外加買住院日額。注意，B 的實支實付理賠不一定要住院，但治療的診所或醫院須是登記合格的。

C 是海外突發疾病附約，不保意外傷害、而是突發疾病導致的「住院」醫療，可在限額內實支實付，像突然心肌梗塞、中風、感染當地流行病等等。至於門診、急診費用或住院日額，有些保單也可在限額內理賠，或是另外加買。據說有人曾在美國急性盲腸炎手術，竟花了台幣上百萬！由於歐美地區就醫動輒十萬、百萬，故 C 買個 100 萬是有必要的。但因為 C 的保額跟 B 一樣，多半也不能超過主約的 10%，故主約 A 至少要買到 1,000 萬。有些保單還有自動調高保額機制，美加最高可到 3 倍、日澳紐到 1.5 倍，歐洲有的 1.5、有的 3 倍。例如原本保額 100 萬，於上述地區發病且在當地就醫，則保額將自動提高到 300 萬或 150 萬。另外，既然名叫「突發」疾病，帶病投保當然就不賠（同一疾病在出國投保生效日之前 180 天有門診紀錄、或之前一年有住院紀錄者）。所以若因舊疾復發在海外就醫，就只能靠自己原來買的 1 組保險和全民健保多少彌補一點了。

海外就醫至少索取「2+N」份收據和診斷證明

海外就醫（不論是意外醫療或突發疾病）至少要索取「2+N」份收據和醫生診斷證明書，第 1 份用來申請全民健保，但並非全額理賠，且有限額；第 2 份用來供心安旅遊套餐申請；至於 N 份，則看你的 1 組保險跟幾家保險公司買，跟 N 家買，就需要 N 份。

B 和 C 還有些不賠的項目，包括：在海外流產、分娩、美容整型、健康檢查、療養、戒毒、戒酒、裝設義齒、義肢、義眼、助聽器、避孕節育手術等等。

接著來談 D，SOS 海外緊急救援服務。這不需要買，是送的。產險公司無償贈送這項服務的較少，但壽險公司多會針對旗下某些保單（尤其是旅行平安險、壽險）無償贈送 SOS。它是透過簽約的國際特約機構提供服務，費用則由你自己負擔。壽險公司若有負擔費用，多會有 5 千到 5 萬美元之上限。服務內容可歸納為三大類：

醫療支援服務：這一項最重要。包括醫療問題傳譯、安排住院、代墊或代轉住院醫療費用、遞送緊急藥品、安排復原期間住宿、安排未成年子女返國、安排親友前往探視、安排緊急醫療轉送*、安排轉送回國、安排遺體／骨灰運送回國或當地禮葬、安排親友處理後事等。

旅遊支援服務：協尋並轉送行李、協尋並遞送補發之護照及簽證、緊急旅遊協助（緊急代辦旅遊證照、航空訂位、預約旅館飯店、全球租車資訊及預約服務）、緊急資訊及文件傳遞、法律援助（告人或被告）、代收轉付保釋金／安排保釋等。

諮詢服務：行前資訊、使領館推薦、旅遊資訊、通譯／秘書推薦、法律推薦、電話醫療諮詢、推薦醫療服務機構等。

心安旅遊套餐的 E，產險公司才會有，壽險公司沒有。很多人買旅平險，都會把注意力放在 E，班機延誤賠多少啦、行李丟了賠

註：極少數公司有提供「全額」負擔費用的「醫療專機返國治療」服務。本來針對 SOS 海外緊急救援的醫療轉送回國，保險公司負擔的費用多半有上限，有時更須由保戶先行墊付。但有極少數公司有賣旅行平安險的「醫療專機返國治療附加條款」，在符合特定條件時，全程安排醫療專機返國治療，並全額負擔轉送過程所有的費用。但目前僅限亞洲十多個國家。

多少啦？其實，這些都是小錢、負擔得起，可買可不買！若不買，上表的保費可再便宜個 4、5 百元。不過如果你買的是套餐，常會被綁在裡面，無法分割，只能一併投保。

如果保險公司同意，你也可不買套餐，自己組合。可先請產險公司針對 A/B/C/D 報價，再選擇你要的附約，像加護病房日額、燒燙傷病房日額、燒燙傷皮膚移植、救護車、意外門診手術、住院慰問金、食物中毒慰問金、老殘照顧、托兒照顧等，或針對特殊原因造成的死亡及失能（電梯 / 火燒 / 雷擊 / 地震 / 一氧化碳中毒 / 搭乘大眾運輸意外）加幾倍給付等等。

旅行平安險多數只限 75 歲以下投保、最長 180 天；少數可接受 80 歲以上，但最多保到 30 天。有些老人保單甚至到 80、90、96 歲都可投保，但還是要看體況，可能很貴或拒保。其他還有很多不賠的項目：特殊運動（專業登山、洞穴探索、攀岩、飛行傘、跳傘、高空彈跳、熱氣球、滑翔翼等）；職業或廠商贊助之運動活動；競賽活動（角力、摔跤、柔道、空手道、跆拳道、馬術、拳擊、特技表演、汽車 / 機車 / 自由車競賽或表演等）；非以乘客身分搭乘航空器具或搭乘非經當地政府登記許可之民用飛行客機者；預產期前三個月；精神方面疾病；酒駕、自殘、故意行為、犯罪行為；濫用藥物、飲酒過量、性病、AIDS；核子輻射 / 感染 / 爆炸；意圖從事不法行為；在船舶或鑽油平台等海上設施上之一切行為；罷工、戰爭、恐怖行動、天災等不可抗力因素。

那麼，旅行平安險跟誰買、怎麼買？你可跟壽險或產險公司買；臨櫃、上網、或到機場櫃檯買，各有優劣。首先，向產險公司買較便宜；可加保類似 E 的財物保障，像旅遊不便險（行李 / 交通

票證／旅行文件損失、行程／行李延誤），個人賠償責任保險（對第三人之死亡、體傷或財物受損，如逛街打破商家物品、住飯店不慎引起火災或損毀設施）等。但要注意可否加買（或贈送）SOS。若跟壽險公司買，幾乎均會送 SOS，但財物損失的部分就無法加保，因為壽險公司只保人、不保財物。機場櫃台多是壽險公司的，主約最高可買到 2,000 萬；但因櫃位租金高昂，所以最貴；若事先買，或先申請為會員，可便宜兩、三成。網路投保最便宜，但都是套裝產品、保額固定，較無彈性，主約最高通常只能買到 1,000 萬。

海外旅行前，務必買對買夠旅行平安險，心安旅遊套餐只是一個例子，不管你怎麼買，除了 A/B，一定還要 C/D，才會心安。不相信？你看看《表 10-3》，就知道其他的保障都不太夠。

最後補充一點，不論個人或企業的員工旅遊，即使只在國內，一樣可投保旅行平安險。雖然 C 海外突發疾病和 D 緊急救援服務在國內並不適用，但「A 意外險 +B 意外醫療險」的保額卻可用小錢臨時大幅提高幾天，且還可加上燒燙傷、食物中毒等多元保障。以「A 意外險 100 萬 +B 意外醫療險 10 萬」為例，一週內的保費只要幾十元，最簡單的是刷信用卡乘坐固定路線、固定班次（計程車、加班車、包車、包機、包船等大多不算）的公共運輸車船飛機等，可自動享有幾千萬的 A 意外險保障（但 B 則須另外購買）。國內的旅行平安險只保意外、不保突發疾病，因為有全民健保、較不擔心在國內生病就醫。

出國前，務必把你每一個保險顧問的聯絡方式帶在身邊，出事時可立刻聯絡。

買對買夠旅行平安險，心安理得、快樂出遊！

《表 10-3　海外旅行之各種保障》

保障險	保障範圍	不保範圍	問題
全民健保	符合「緊急傷病必須立刻就醫」之要件，回國後可以申請核退門診、急診、住院的自墊醫療費用	病房差額、膳食費、掛號費、旅遊不便等都沒有保障	並非全額核退，是依照國內醫學中心的平均值，限額核退，遠低於海外實際花費：門診每次約 2 千元、急診每次不到 4 千元、住院每次不到 8 千元
意外險主約＋意外醫療附約	非由疾病引起之外來突發事故造成的身故、失能，及醫藥費支出	只保意外、不保疾病	因為國內有健保，所以通常意外醫療險的保額都不會買太高，遇到海外就醫動輒數十萬、甚至數百萬的醫療費用，遠遠不夠
住院醫療險	因疾病或意外傷害而住院的醫療費用	住院一定賠，沒有住院的門診、急診、手術則須保單有寫才會賠	給付金額常遠低於國外的實際費用，譬如美國光看門診常就 100 美元起跳
重疾／特傷險	符合保單定義的重大疾病／特定傷病／重大傷病	不符合左列標準者不賠	海外突發疾病不一定是重疾／特傷
長照三險	符合長期照護狀態、失能定義、特定傷病定義	不符合左列標準者不賠	海外突發疾病不一定會符合左列標準；若符合，多半會想轉送回國長期照護，此時會需要 SOS 緊急救援服務
旅行社送的旅遊業綜合責任保險	旅行社須替旅客投保方能出團，旅遊期間均有保障：意外身故 200 萬＋意外醫療 10 萬等	海外突發疾病、SOS 緊急救援、個人賠償責任等都沒有保障	只保意外、不保疾病；沒有 SOS；範圍太窄、保額太低
刷信用卡送的旅行平安險	通常只保障搭機時（最多再含前後 2~5 小時）的意外險 600~5,000 萬；視信用卡等級會再加贈 30 天或全程的意外險 100~1,000 萬、意外醫療險 10~100 萬、購物保障險、旅遊不便險、移靈費用等等，但都有限額	海外突發疾病、SOS 緊急救援、個人賠償責任等都沒有保障	只保意外、不保疾病；沒有 SOS；保障時段太窄

第十一章 買車：我的移動城堡

這裡的買車是指買來自己代步或營業使用，不包含汽機車買賣或租賃業所買的車子。

買車前，要準備買車基金；買車之後，任意第三人責任險之「心安開 / 騎車套餐」不可少。（這是我取的，若跟任何業者的產品名稱相同，純屬巧合）

《表 11-1 圓夢表：買車》

圓夢做法		買車前	買車後
投資	準備買車基金	買車基金的準備時間可長可短 若每月「投資 5 千＋儲蓄 1 萬」，3 年可望存到 5、60 萬元；時間更短，儲蓄就多些；時間長，投資就多些；若買機車，每月只做儲蓄 3 千元，2 年有 7 萬多、3 年約有 12 萬	不定期花錢養車，包括油錢、保養、修繕等，以及底下的保險；汽車每年至少也得花個幾萬到幾十萬；機車則幾千到上萬元
		（出發的 2 筆投資仍須持續）	
保險	任意第三人責任險	～	汽車應優先投保「強制險＋心安開車套餐」，自小客車年繳保費 1 萬出頭；其次才投保車體損失險，非必要，不必買甲式，新車考慮乙式，年繳保費幾萬到幾十萬，舊車保丙或丁式即可
			機車應優先投保「強制險＋心安騎車套餐」，年繳保費輕型近 3 千元、重型 4 千有找；機車的車體損失險，年繳保費約 5 百到 1 千多元，視保額高低而定
		（維持出發的 1 組保險，或成家後、或生子後的「心安配置」）	

註：本表僅供規劃參考，不保證任何投資績效，且實際投保費率應以各保險公司核保為準

第一節 投資穩：買車前，準備買車基金

　　跟上一章旅遊基金類似，買車基金也是希望愈快存夠錢愈好，準備時間可長可短。不同的是，買車需要的錢會比一般的旅遊多，少則 5、60 萬，多則百萬、甚至幾千萬（若是一般機車，只需幾萬元）。若想在 3~6 年內備妥，仍以「投資＋儲蓄」達成機會較高。時間更短、儲蓄就要更多、每月投入金額也需更多；時間更長，投資就可多些，但最後金額的不確定性也會變高。

例 e.g.　籌措買車基金

　　每月「投資 5 千＋儲蓄 1 萬」做 3 年，至少存 50 萬。

　　穩健投資第一法：定時定額 1 萬，查《表 3-1》知 3 年後有 40~50 萬。若月存 5 千，則為 20~25 萬。

　　儲蓄：若月存 1 萬、利率 1%，3 年本金 36 萬，3 年後本利和約 36.5 萬。（若是買機車，每月儲蓄 3 千元，3 年後約 11 萬（=36.5*0.3），很夠了；甚至只要 2 年存到 7 萬多就可以買了）

　　投資 1/3＋ 儲蓄 2/3：每月定時定額 5 千元、儲蓄 1 萬，3 年後合計 56~61 萬（上二者相加），達成至少 50 萬的目標。

　　真正下手買車前，除了準備買車基金外，也應先確定你養得起車，包括油錢、保養、修繕及下一節要談的保險，這些全部合計每年總也得花個幾萬到幾十萬。

第二節 保險準：買車後，任意第三人責任險之「心安開/騎車套餐」不可少

有輛自己的車，多開心！但你可知道，開車最怕什麼嗎？

天價車禍、一生重擔！（上）

老戴開車不慎，致自己車上一名友人死亡外，對方 48 歲的駕駛林太太搶救後成了植物人，且名車毀損嚴重。老戴除了自己住院 15 天花 60 萬康復出院外，友人家屬索賠 400 萬，老戴願意和解。另外，林太太家屬要求金額很高，無法達成和解，最後經法院判賠名車修理費 800 萬、林太太搶救醫療費用 45 萬、終生照護和工作收入損失 1,000 萬！事故當時老戴心想：「我依法投保強制險，應該沒事吧？」老戴顯然太天真了！（你往下讀，便會知道老戴要賠多少錢）

心安開車套餐

開車最怕撞名車、撞殘人之天價車禍！要對抗，就須投保心安開車套餐。買車後，第三人責任險有許多選擇，你若不知道買什麼，照下面這個表一模一樣去買就是了！

《表 11-2 汽車保險「心安開車套餐」》

保障對象	保單項目	保障內容	保額	參考年繳保費（元）
被你撞的人 (天價車禍的保障)	a. 第三人責任險 - 體傷	每一人體傷 / 死亡	500 萬	3,000
		每一意外事故給付上限	多人型	
	b. 第三人責任險 - 財損	每一意外事故財損	50 萬	2,300
你車上的乘客 (天價車禍的保障)	c. 第三人附加（己車）乘客體傷責任險	每一人體傷 / 死亡	100 萬	1,300
		每一意外事故給付上限	600 萬	
上二者 (天價車禍的保障)	d. 第三人超額責任附加條款 - 乙型	每次事故體傷 / 財損 / 乘客之超額保障（注意：不含 e 己車駕駛人）	2,000 萬	2,000
你自己	e. 第三人附加（己車）駕駛人傷害險	每一人傷害醫療（住院日額）	2,000 元	400
		每一人失能 / 死亡	100 萬	
合計年繳保費				9,000

註：本表費率僅供參考，實際投保費率應以各保險公司核保為準

　　心安開車套餐是第三人責任險的一種。第三人是指對被保險人（你）享有損害賠償請求權的被害人。白話講，就是「被你撞」的人，含對方駕駛、乘客、路人；但不包括你車上的乘客和你自己。若要進一步保障後者，就須另外加買附加條款，如上表中的 c 和 e。心安開車套餐一年保費 8、9 千元，卻可買到好幾千萬保障！下面《表 11-3》很重要，請詳讀。

　　第三人責任險之理賠觀念跟第一章的人身保險完全不同，不是保險公司說了算，而是以和解金額為準。失能不需對照等級表、醫療費用多少、身故賠多少等，完全都依和解金額而定。若和解金額在保額內、保險公司有參與協調、也合乎理賠條件，保險公司就會賠；但若和解金超過保額，超過的部分就由肇事者自行負擔。若無法和解，就只能打官司。

　　發生車禍，私下和解，保險公司不賠！除非保險公司自己不願意，不然一定要讓保險公司參與和解協調過程，取得書面的和解文件，才會得到理賠。

《表 11-3 汽車保險「心安開車套餐」賠什麼？》

	保單項目	保障內容	賠什麼？
對抗天價車禍	a. 第三人責任險 - 體傷	每人傷害 500 萬 （可加買多人型附加條款）	根據雙方和解金額，針對超過強制險的部分，在每人 500 萬內理賠第三人之身故、失能、體傷；體傷醫療費用乃針對超過強制險的部分實支實付；若加買多人型附加條款，則可理賠不只一人（看保單寫幾人，也可能無上限）
			和解金額扣除強制險理賠金額後，若超過 500 萬，超過的部分由肇事者自行負擔
	b. 第三人責任險 - 財損	每事故之財損 50 萬	根據雙方和解金額和實際支出，在 50 萬內理賠；除了車損外，諸如寵物、衣服、家畜、紀念品等，也都屬之
	c. 第三人附加（己車）乘客體傷責任險	每人傷害 100 萬 / 每事故之傷害總額 600 萬	根據雙方和解金額，針對超過強制險的部分，在每人 100 萬內理賠己車乘客之身故、失能、體傷；體傷醫療費用乃針對超過強制險的部分實支實付；每一事故最多賠到 600 萬
			和解金額扣除強制險理賠金額後，若超過 100 萬，超過的部分由肇事者自行負擔
	d. 第三人超額責任附加條款 - 乙型（乙型才有保 c，甲型沒有保 c）	每次事故體傷/財損/（己車）乘客之超額保障 2,000 萬	超過 a/b/c 保額的部分，可在本處的 2,000 萬內支用；超額條款必須搭配 a/b/c 的最低保額一起買
			注意：d 不保開車的你！所以 e 己車駕駛人是無法動支 d 之超額保障的
保障你自己	e. 第三人附加（己車）駕駛人傷害險	住院日額 2,000 元 / 每人死亡及失能 100 萬	可買可不買，因你本來就有 1 組保險之保障！只是跟著這個套餐投保左列的保額，年繳僅 400 元，比單買意外險、意外醫療險各 1 千多元便宜太多，不買可惜
			左列是住院日額，若還要實支實付，可另加買「附加駕駛人傷害保險傷害醫療保險給付（實支實付）附加條款」

註：本表費率僅供參考，實際投保費率與理賠內容應以各保險公司核保為準

　　很多人都有買上述 a/b/c，但卻不知道要加買 d. 超額條款，太

第三人超額責任附加條款
才是心安的最大來源，
必買！

可惜了！因為年繳保費僅約 2,000 元，卻可再增加高達 2,000 萬的保障。當 a/b/c 的 500 萬、50 萬、100 萬都不夠賠時，還可動支超額條款的 2,000 萬來賠！這樣，總保額高達 3、4 千萬（=500* 多人 +50+600+2,000），才足以抗衡天價車禍！超額條款一般最多只能買到 1,000~2,000 萬，且須搭配 a/b/c 某個最低保額一起買。如上表的 2,000 萬，就須搭配 a/b/c 的 500 萬、50 萬、100 萬等保額，a/b/c 只可買更高，不可更低。

汽車強制險

事實上，你的保障不只這樣！在你投保心安開車套餐前，其實早已買了強制汽車責任保險，簡稱強制險；買車領牌時依法強制投保，一年一保。最普遍的自小客車年繳保費 1 千多元，曳引車上萬。

《表 11-4 汽車責任險之保障對象》

保障對象	死亡 / 失能 / 體傷	財物損失（含車損）
被你撞的人	強制責任險；心安開車套餐	心安開車套餐
己車的乘客	強制責任險；心安開車套餐	✕
己車駕駛人	心安開車套餐	✕

強制險賠什麼？保人（但不保你這個駕駛）不保車！被你撞的第三人和己車乘客身故 /1 級失能，賠 200 萬，最輕的 15 級失能賠 5 萬（強制險把失能分 1~15 級，類似意外險的 1~11 級）。至於

體傷，保單有列出來的傷害醫療項目在 20 萬內實支實付，像病房差額（上限 1,500 元／日）、醫療材料費（上限 2 萬）、醫師認為有必要的看護費（上限 1,200 元／日）、診斷證明、急救或護送費、來往醫院治療合理交通費（上限 2 萬）等。沒有列的項目就不賠，譬如自費藥品。另外，因駕駛人投保的強制險不保他自己，故針對駕駛人的理賠，不是跟他自己投保的公司申請，而是向車禍中其他任一車投保的公司申請。強制險死亡／失能最高 200 萬及體傷最高 20 萬的保額太低，財物損失和駕駛人也不在保障範圍內，這就是為什麼加買心安開車套餐那麼重要。

三層防護網抗衡天價車禍

「強制險＋心安開車套餐」架起三層防護網，花小錢換來大大心安。譬如自小客車年繳保費僅 1 萬出頭，就有 3、4 千萬的保障。

《圖 11-1 「強制險＋心安開車套餐」之三層防護網》

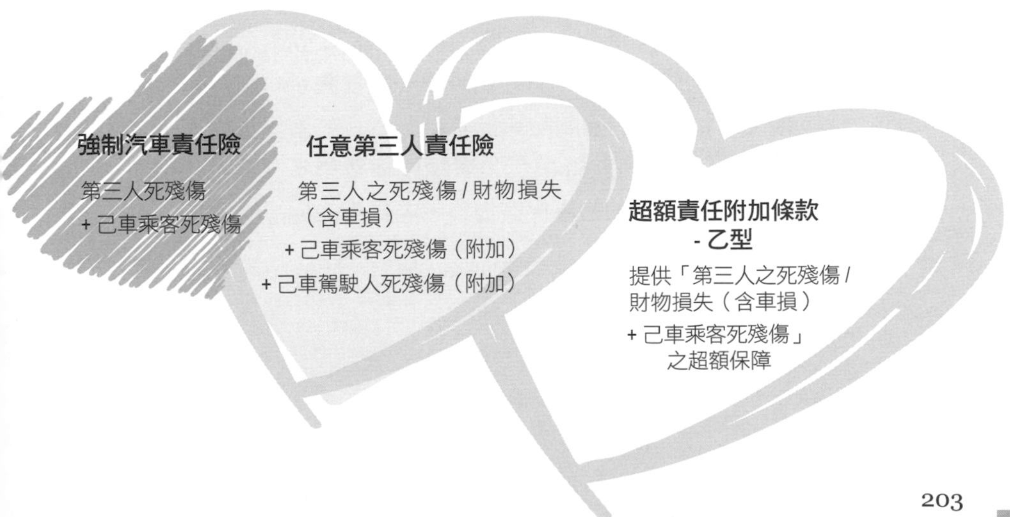

強制汽車責任險
第三人死殘傷
＋己車乘客死殘傷

任意第三人責任險
第三人之死殘傷／財物損失
（含車損）
＋己車乘客死殘傷（附加）
＋己車駕駛人死殘傷（附加）

超額責任附加條款 - 乙型
提供「第三人之死殘傷／
財物損失（含車損）
＋己車乘客死殘傷」
之超額保障

天價車禍、一生重擔！（下）

讀到這裡，讓我們回到老戴的例子，慘啊！

若老戴有買「心安開車套餐」，則理賠如下：

賠付項目	老戴應賠付金額	減：強制險理賠	減：「心安開車套餐」a/b/c理賠	等於：「心安開車套餐」動支 d 超額條款之金額
林太太植物人	1,000	200	500	300
林太太醫療費用	45	20		25
林太太車輛修理費	800	不保	50	750
自己車上友人身故	400	200	100	100
合計（萬元）	<u>2,245</u>	420	650	<u>1,175</u>

看合計欄：老戴應賠 2,245 萬，先減去強制險賠的 420 萬，及心安開車套餐 a/b/c 賠的 650 萬，不夠的 1,175 萬便可動支 d 超額條款之 2,000 萬額度來應付。若沒有這個超額附加條款，這 1,175 萬就得自行負擔。老戴因為只有強制險理賠 420 萬，故他必須負擔其餘的 1,825 萬（=650+1,175），天價啊！

至於老戴自己住院 15 天，則只能申領 e 的日額 3 萬（=2,000*15 天），醫藥費 60 萬不能獲得理賠，因為 e 的 100 萬只賠駕駛人之身故和失能、不含醫療費用（除非老戴有另買駕駛人傷害醫療附加條款）。當然，老戴若本來已買了 1 組保險，則可針對這次住院醫療申請理賠，不一定要靠 e。

最後，林太太的強制險可針對老戴體傷的醫療費用理賠 20 萬上限（不是實際的 60 萬），車輛修理費則不在強制險理賠範圍之中（因為強制險不保財損），老戴只能另行交涉。

車體損失險

最後，還有保你愛車的車體損失險。從最貴的甲式全險、中等的乙式、到最便宜的丙式、丁式。依車子的價值，年繳保費從幾萬到幾十萬元。

《表 11-5 汽車車體損失險之保障對象》

保障對象	死亡 / 失能 / 體傷	車損（不含財物損失）
被你撞的人	✕	✕
己車的乘客	✕	✕
己車駕駛人	✕	車體損失險（甲、乙、丙、丁式）

因碰撞、傾覆、火災、閃電、雷擊、爆炸、拋擲物、墜落物等造成車輛毀損滅失，甲乙式都有保障。甲式還多保了第三者的非善意行為，以及大家最在乎的不明車損，像粗心或不明原因被刮了、碰凹了等等，故甲式最貴。乙式其實也可保不明車損，但須經保險公司同意方可。丙式俗稱車碰車險，很陽春，只有跟別車直接碰撞、擦撞，且確認對方車輛後，才會賠。至於最便宜的丁式，跟丙式一樣只保車碰車，但採限額理賠，譬如 10 或 15 萬。另外，還有很多附加條款可以加買，譬如免自負額、約定駕駛人，竊盜損失、甚至颱風、地震、海嘯、冰雹、洪水或因雨積水造成的車損等等。

車體損失險之年繳保費少則幾萬、多則幾十萬。非常粗略地說，乙式保費大概是甲式的一半，丁式則僅一成。新車最多人投保保費適中的乙式。如果你有自用車位，不明車損機率低，或是已開了 3、5 年，覺得受點不明車損的小傷也沒什麼，那其實只保丙式，

防範車撞車的高額修理費，也就可以了。再更老的車，殘值不高，保丁式更划算。這樣子，比乙式省下好幾萬塊，拿來買不到 1 萬元的心安開車套餐綽綽有餘。原則上，應優先花錢對抗天價車禍，然後才視預算為愛車再買些保障。

防範天價車禍之後，到底要花多少錢在愛車上，總要量力而為、知足常樂，心安才好！

機車族：心安騎車套餐

機車族也有心安「騎」車套餐喔！

《表 11-6 機車保險「心安騎車套餐」》

保障對象	保單項目	保障內容	保額
被你撞的人 （天價車禍的保障）	a. 第三人責任險 - 體傷	每一人體傷 / 死亡	200 萬
		每一意外事故給付上限	400 萬
	b. 第三人責任險 - 財損	每一意外事故財損	30 萬
你車上的乘客 （天價車禍的保障）	c. 第三人附加（己車） 乘客體傷責任險	每一人體傷 / 死亡	100 萬
		每一意外事故給付上限	100 萬
上二者 （天價車禍的保障）	d. 第三人超額責任 附加條款	每次事故體傷 / 財損 / 乘客之超額 保障（注意：不含 e 己車駕駛人）	1,000 萬
你自己	e. 第三人附加（己車） 駕駛人傷害險	每一人傷害醫療（實支實付）	20 萬
		每一人失能 / 死亡	200 萬
合計年繳保費大約：輕型機車 2 千多元、重型機車 3 千多元 （其中 d. 超額條款 1,000 萬保額之年繳保費：輕型約 7 百元、重型約 9 百元）			

註：本表保額僅供參考，實際應以各保險公司核保為準

上表機車族心安騎車套餐跟汽車族的心安開車套餐相比，只是保額低一些，其他的道理全都一樣。另外，機車強制險也跟汽車

一樣都是第三人死亡及失能 200 萬／體傷 20 萬；年繳保費輕型機車
4 百多元、重型（50c.c. 以上）6 百多元，比汽車便宜一半左右。機
車的「強制險＋心安騎車套餐」兩者合計年繳保費輕型近 3 千元、
重型則 4 千元有找，就可買到 2 千多萬的保障。尤其是 1,000 萬的
超額條款，一年只要幾百元的保費，就可抗衡天價車禍，實在是省
不得！（並非每家公司都有機車的超額條款，可多問幾家。）

　　至於機車的車體損失險，主要是保整車失竊的竊盜損失險，
也可再附加火災損失、交通費用、零配件損失等條款。看保額高低，
年繳保費約 5 百到 1 千多元。

　　結論是：買車、養車，更應買足保險，若負擔不起心安開／騎
車套餐的保費，寧可搭大眾交通工具，也不要冒天價車禍的風險。

　　上一章提過，旅行是消費財，錢花掉就沒了；自用車也是，
每天都在吃錢。故除非你已做好 1 組保險和 2 筆投資，甚至先實現
了成家、生子等夢想，不然從理財的觀點來看，買車應是最後的奢
侈選擇。尤其現代都會區的大眾運輸都相當便利，應多加利用。省
下來的錢，拿去強化 1 組保險 2 筆投資，保障老後。當然，若你還
是不買車不心安，那就想清楚後，買吧！

常有人問我最常開什麼車，
我的回答都是：BMW-B 系列（**B**us-**M**RT-**W**alk；and **B**iking）。

第二部快結束了！祝福你！

　　到這裡，已為常見的大夢想規劃「保險準，投資穩」的做法，同時也告訴你，圓夢前後大概會有多少新增的支出，並逐一彙整於《圓夢表》。你應依理財鐵序小心分配預算，量力而為、知足常樂。若把這些夢想全部加總，你這輩子的支出曲線會如下圖。

《一生的重大支出曲線》

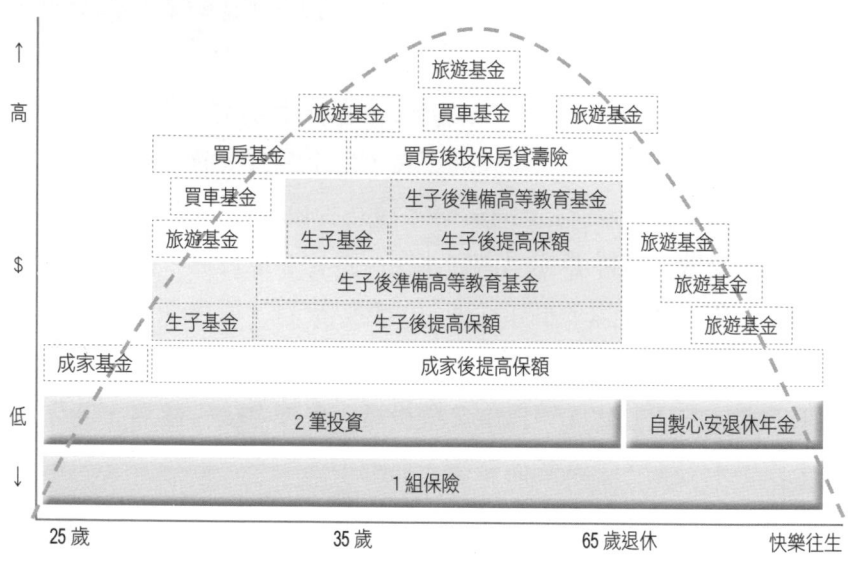

　　上圖僅是概念示意，若想了解具體支出的金額，可把《表5-4出發表》和你挑出的所有願望的《圓夢表》數字加總就知道了。這個功課，就留給你自己做，做完後再去比對你的收入曲線，看看是否收支相稱，再做必要的調整，這就是你這一生的理財規劃了！

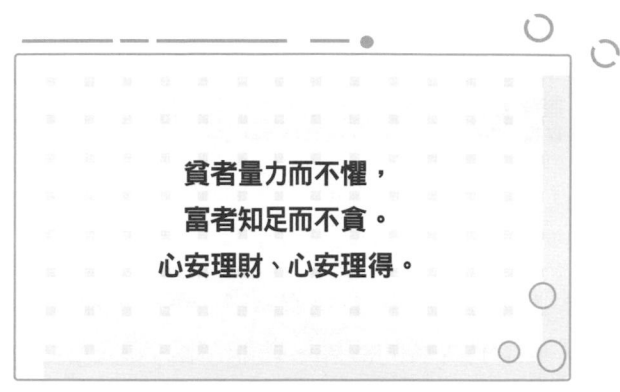

貧者量力而不懼，
富者知足而不貪。
心安理財、心安理得。

謝謝你的閱讀，祝你「保險準，投資穩」，有錢養命！

且慢，還沒完……

有錢還不行，你必須有命花錢！

我上班三十多年，看過太多爭名奪利，譬如金融從業人員，每天跟錢為伍，滿腦子都是投資賺賠、業績好壞，爭排名、搶客戶的事例層出不窮。這樣子不感恩、不知足，除了傷害別人，也搞得自己很不快樂、很不清爽，心神沒有片刻寧靜，身體也汙穢沉重。錢賺多賺少還不一定，卻先搞壞了心身。

人生在世，若能用感恩的心待人處事，身體少病少痛，又能心安理財，有剛剛好的錢圓夢並度過難關，就是很大的福氣！如果又能心身均衡、快樂往生，自己少受苦，也不拖累他人，這更是何等福報！要想達到這個心安理得的境界，除了心安理財外，日常的心身保養，更是不可或缺。隨本書分享的健康別冊就是我在靜心、飲食、運動、排毒等方面的實踐心得，我很受用，也許有一些也適合你來做，希望能帶給你一些靈感。謝謝。

附錄一

身故、醫療、長照類各險種大補帖

　　第一章已說明《圖 1-4》全貌圖中各險種的精要，這裡將再補充一些重點。從消費者的觀點，若能了解何時賠？賠什麼？有多貴？怎麼用？就可化繁為簡，掌握精髓。

　　何時賠？是給付條件；

　　賠什麼？是給付內容；

　　有多貴？是指保費的型態、訂價依據和高低；

　　怎麼用？則是根據其優缺點去買對。

　　逐一說明之後，我會在每一類險種末了，把這四個面向做個彙總表，讓你輕易比較異同，釐清觀念，並利於查閱。

　　本書中的理賠條件、給付內容和保費數字，都是我從保發中心（全名為保險事業發展中心）資料庫裡的保單整理出來的，只供參考。你真正投保時，須以保險公司核定為準。另外，這裡不討論特定族群的保單，因為這種保單只是將某些險種包在一起，去滿足某一族群的特定需求。像老人保單多是限 50 歲以上投保的醫療險、保額僅 30~50 萬的小額壽險或意外險，也常會再加點意外醫療險；兒童保單則是專屬 0~14 歲兒童，特別加強給付意外、醫療、先天病殘的健康險；婦女險是結合壽險、住院醫療（特別是妊娠過程所需）、女性特定傷病、僅限女性投保之保單；其他還有男性保單、婦嬰險、弱體保單等等。

一、身故類

從保障觀點，身故類應買不保本、不還本的消耗型，等未來回到高利率，再用合理的保費去買保障及儲蓄效果都好的還本壽險。因為近年利率太低，還本壽險多被改造成儲蓄大於保障的儲蓄險，搭配投資錢會比保障身故更合適（第四章）。

壽險

壽險之目的是死後有錢辦理後事並照顧你關愛的人，求自己心安「好走」。

何時賠？所有壽險都是身故 / 完全失能時理賠，不管是疾病或意外造成的都賠。分終身壽險、定期壽險、投資型壽險三種。

終身壽險：很貴；最常當做總主約

賠什麼？賠一大筆錢，結束契約；但有些（家庭式）壽險可分期給付，避免太快花光。常會有其他與身故無關的給付，愈多愈貴。像豁免保費、老年住院醫療提前給付（譬如 75 歲後，可申請在身故保額 30% 內，支付住院醫藥雜費，以強化老年醫療保障）、完全失能分期扶助金（完全失能時按月或年給錢）、1~7 級失能一次金、生命末期（生前需求）保險金、保單更約權、保額增加權、遺族照顧金，及祝壽金等等。

有多貴？是最貴的險種之一。幾乎都是平準保費，躉繳或 6~30 年分期繳，保障終身。每 100 萬保額，繳費期 20 年，25 歲每年就要 2、3 萬，45 歲則 4 萬上下，女比男便宜一成左右。所以若買個 500 萬保額，一年繳個 1、20 萬跑不掉。若是還本型終身壽險，活

著沒事也領錢，還要更貴！若要買到跟消耗型一樣的保額，就須付出幾倍、甚至幾十倍的保費。

怎麼用？終身壽險只有主約、沒有附約；適合當總主約，下面掛上其他身故、醫療、長照等附約，如《圖1-4》全貌圖所示。由於太貴，一般的身故保障不會全部都用終身壽險，而是搭配定期壽險附約，建構《圖1-5》的「身故保障經典組合」。其次，若犧牲保障效率去強化儲蓄功能，便成為所謂的儲蓄險。最後，人必有一死，終身壽險一定領得到，故有錢人要節省遺產稅傳承資產，最常用的就是終身壽險（這是稅務專業，不在本書討論範圍）。

定期壽險：1~30年期都有，大多是保障期間等於繳費期間

有附約，也有主約。主約底下可掛其他附約，但此時最好要有免體檢保證續保，還要注意到期後，底下的其他附約就會跟著失效（除非另外加買「附約延續權」）。

賠什麼？死亡給付當然會有，但其他給付就比終身壽險少很多，僅豁免保費、保單更約權等較常見。

有多貴？15年以上之長年期定期壽險，100萬保額年繳保費幾千元，男到50、女到55~60歲後才上萬。買個500萬，年繳幾萬、最多10萬上下（比終身壽險的幾十萬便宜很多）。1~5年的短年期，男55歲前、女65歲前，100萬保額之年繳保費只要幾百到幾千元（比終身壽險上述的2~4萬便宜很多），女性30歲前甚至比意外險還便宜！因為太便宜，業務員沒什麼佣金可賺，很少會主動推介，你可自己上網投保。1年期壽險若有保證續保，多只到74~80歲；是自然保費、逐年變貴，約50歲起快速變貴，65歲後就比終身壽險的平準保費還貴。消耗型在期滿時若還活著，雖「幸運地」沒得

到理賠，但保費卻是一去不回。還本型則多為長年期，活著沒事偶爾領點小錢，滿期退還總繳保費，至少保本，比消耗型貴幾十倍。

怎麼用？1~5 年短年期很便宜，適合收入不豐的年輕人投保或臨時補強。15~30 年長年期除了跟終身壽險一樣，也可改成儲蓄險外，其實最適合的是搭配終身壽險，建構「經典組合」去保障重擔期。譬如生子時做「終身壽險主約 200 萬 +20 年定期壽險附約 800 萬」，在你萬一早逝時，讓小孩有錢長大；且這種組合，會比全部 1,000 萬都買終身壽險便宜很多。

假如身故保障只需知道一件事，那不用說，就是這種「小買終身壽險主約 + 大買定期壽險附約」之「身故保障經典組合」！（但附約保額可能無法超過主約的 5 倍）

壽險其他重要觀念：

不管終身或定期壽險，若「繳費年期 + 年齡」超過 70~75，太老就買不到了。像繳費 10 年者，最晚 60~65 歲就必須開始買；繳費 30 年者則為 40~45 歲。

正常狀況下，傳統壽險保費愈老愈貴（因愈老死亡機率愈高）；女比男便宜（因女性平均較長壽，可晚點理賠）；若體檢狀況不佳，有可能被加費承保、甚或拒保。保險公司會用保額和年齡自訂需要體檢的標準。譬如保額 500 萬以上不分年齡都要體檢；200~300 萬者，55 歲以上就要體檢；100 萬以內者，60 歲以上才要等等。

有時人死了，壽險卻不理賠且不退費！這就是除外責任 / 不保事項。我整理保單條文後歸納為欺騙和自作孽兩大類，且不只壽險這樣，所有險種都類似，只是內容會因險種不同而有些差異。

欺騙：就是未誠實告知。若投保時隱瞞病史等應告知事項，

保險公司可解約或不賠。

自作孽：故意致死；犯罪處死、拒捕或越獄致死或失能；被保險人故意自殺或自成失能。（但自生效之日起 2 年後故意自殺致死者，壽險公司仍負給付身故保險金之責任）。

最後，投資型壽險請見附錄三、四（下載連結請見目錄頁）。

意外險

何時賠？賠什麼？因意外傷害導致的失能拿「保額＊失能等級給付比例」，身故則拿 100% 保額。譬如保額 1 千萬，身故及最重的 1 級失能（與完全失能的定義只差一點點）拿 100%、1 千萬，最輕的 11 級失能則只拿 5%，即 50 萬。

《附錄一 - 表 1 失能等級給付比例表》

失能等級	1 級	2 級	3 級	4 級	5 級	6 級	7 級	8 級	9 級	10 級	11 級
給付比例	100%	90%	80%	70%	60%	50%	40%	30%	20%	10%	5%

有多貴？用六種職業別訂價，跟性別年齡無關。內勤坐辦公桌的、無業的，都屬第一類職業，最便宜，向壽險公司買 100 萬保額，保費一年只要 1 千元出頭；做業務、跑外勤者屬第二類，一年也只比第一類多個 3 百元左右。（風險高的四至六類就稍貴些，100 萬年繳約 3~6 千元保費）。另外，意外險也有保 / 還本型的，但就貴多了。

怎麼用？若意外重度失能，需請人長期照護，意外險一次拿大錢運用，所以是最便宜的長照類保險！其次，意外險也保意外導

致的身故，故若預算緊，倒可用意外險取代一、兩成的壽險身故保額。譬如「終身壽險 100 萬＋定期壽險 500 萬」，若改成「終身壽險 80 萬＋定期壽險 400 萬＋意外險 120 萬」，身故保障維持 600 萬，雖然那 120 萬只保意外、不保疾病，但保費會低不少。

　　何時不賠？意外跌倒或受點傷、未達失能等級，意外險是不賠的（最輕的 11 級失能至少也得斷根拇指或食指或其他任兩指）。其他還有許多「非意外的意外」也不賠。像過勞死（長期勞累、非外來、非突發）、中暑致死（疾病）、因病於手術中死亡（疾病）、高原缺氧致死（可預知、非突發）。還有故意、自作孽的也不賠，像跳樓自殺、吸毒暴斃、飲酒過量致死、自殺或墮胎所致疾病／失能／流產或死亡等。另外，雖是「意料之外」，但若主因是疾病引起的，像天冷猝死、跑馬拉松猝死、運動猝死、泡湯暴斃等也都不賠。還有，意外懷孕也不賠喔！

有時，意外或疾病很難分清楚！

　　先心臟病發，再掉到水裡死了。好像是溺死，然主要原因是心臟病，意外險不賠、壽險賠。同理，開車時突然中風、再撞車而亡，意外險不賠、壽險賠。

　　先掉到水裡，再緊張到心臟病發、喘不過氣、然後溺死。主要原因是掉到水裡，意外險賠、壽險也賠。

　　關鍵是醫師開的死亡證明書上的主要致死原因是什麼？（疾病或意外）

　　下面這張彙總表沒有新東西。字很小，但你可跨險種比較，觀念會更清楚。

《附錄一 - 表 2 身故類主要險種摘要》

險種	終身壽險	定期壽險	意外險
何時賠？	疾病或意外導致的死亡或完全失能		意外導致的失能或死亡（疾病導致的不賠）
賠什麼？	一般是一次賠一大筆錢，結束契約，但有些（家庭式）壽險可分期給付		一次賠一大筆錢，結束契約
	豁免保費、老年住院醫療提前給付、完全失能分期扶助金、1~7 級失能一次金、生命末期（生前需求）保險金、保單更約權、保額增加權、遺族照顧金、祝壽金等	死亡之外的其他給付比左列終身壽險少很多，僅豁免保費、保單更約權等較常見	死亡賠 100% 保額；失能賠「保額*失能等級給付比例」，1~11 級從 100% 到 5%
有多貴？（右列為 100 萬保額之年繳保費）	繳費期 20 年之終身壽險，25 歲每年就要 2、3 萬，45 歲則 4 萬上下，女比男便宜一成左右；終身壽險是最貴的險種之一；還本型還要更貴	15 年以上之長年期定期壽險，年繳幾千元，男到 50 歲、女到 55~60 歲後才上萬	產險公司保費約僅壽險公司一半；第一類職業最便宜，壽險公司僅 1 千元出頭；第二類只比第一類多 3 百元左右，風險高的四至六類約 3~6 千元；保 / 還本型的貴很多
		1~5 年的短年期定期壽險，男 55 歲前、女 65 歲前，只要幾百到幾千元，女 30 歲前比意外險還便宜；1 年期壽險若有保證續保，多只到 74~80 歲，逐年變貴，約 50 歲起快速變貴，65 歲後就比終身壽險的平準保費還貴	
怎麼用？	只有主約、沒有附約；很適合拿來當總主約，下掛各種附約；也可改造成儲蓄險；也是節省遺產稅常用之工具	先買夠「身故保障經典組合」；有需要時再拿 1 年期壽險來臨時補強	壽險公司保證續保，產險公司不保證續保但便宜，故可兩者都買一些；或以壽險公司為主，產險公司的則用來短期臨時補強
		長年期定期壽險跟終身壽險一樣也可改成儲蓄險；短年期很便宜，頗適合初入職場、收入不豐、未成家、未生子、沒啥責任的年輕人投保；尤其 1 年期壽險的自然保費，女 50 歲前、男 40 歲前都非常便宜	主要對抗殘廢失能風險，是最便宜的長照類保險；其次才是補強壽險的身故保障，若預算緊，可用意外險取代一、兩成的壽險身故保額

註：本表僅供參考，實際理賠條件、給付內容、投保費率仍應以各保險公司核保為準

註：投資型（變額壽險、變額萬能）壽險亦是身故類保障險，但不在本表中，另參附錄三

二、醫療類

　　醫療類保險是希望在病太重、沒死掉時，有錢支應醫療費用，心情安定求「復活」。醫療類保險最最複雜！險種多、給付內容千變萬化，要詳細說明，十本書也說不完。好在你我都只是消費者，抓重點即可，底下你跟著例子讀，就會有感覺了。

住院醫療險

　　請看下面這個例子，懂了這個例子，住院醫療險就懂八成了。

例 e.g.　沈太太投保住院醫療險二擇一型如下：

單位日額 2,000 元；

實支實付：《附錄一 - 表 3 實支實付套餐舉例》

計畫 10 限額		
三個 當然給付	每日病房費用保險金	1,000 元
	住院醫療費用保險金	5 萬
	每次手術費用保險金	7 萬

後因急性盲腸炎開刀切除闌尾，住院 3 日後出院，醫藥雜費 5 千，腹腔鏡手術費用 1 萬。假設不考慮健保，全部自費，沈太太可獲多少理賠？

　　何時賠？原則是住院賠！未住院的門診手術、急診等，須保單有寫才會賠。近年愈來愈多門診手術被納入理賠範圍，這是因科技進步，使得以往須住院一、兩天的小手術，變成只要在門診就可處理、不需住院。譬如腎結石的體外震波碎石術、白內障、疝氣、痔瘡手術等。較特別的是，為避免帶病投保，包括這裡的住院醫療

險、及多數醫療類和長照類保險，都有「等待期/免責期」的設計。從投保生效日起，再等一段期間後出險才會理賠。定期險多無等待期，終身險多為 30 日，有癌症給付者常為 90 日；有些一時無法立即確定的病還須再觀察、治療或用藥 6 個月；巴金森氏症甚至要持續 1 年後才會理賠。在等待期內罹病不賠，多僅無息退還所繳保費。

賠什麼？住院醫療險只要了解基本三型，就掌握了九成！

日額型： 投保時買「單位日額」（即保額），譬如 1,000、5,000 元等。基本給付是「住院日額＝住院日數＊單位日額」，不管全民健保有無給付，不需收據就可理賠。若還有其他理賠項目，則須保單有寫才賠（像加護病房、門診手術等），沒寫的就不賠。

實支實付型： 投保時買一個套餐，叫計畫 10、20……（或計畫 I、II；計畫 A、B 等，業者自訂），每個套餐一定且僅包括「三個當然給付」，每個當然給付各有限額，如上例。超過健保給付的部分才會賠，在限額內憑收據正本實支實付（有些公司收據副本也理賠，投保時務必問清楚）。第一個當然給付是每日病房費，類似日額，乘以住院天數給錢。第二是住院醫療費用，涵蓋大部分醫藥支出項目，限額愈高愈可支應高額醫藥費。第三是每次手術費用，給付金額是把表中的限額乘以該手術的給付比率％。保單中會列有上百項的手術給付比率。

二擇一型： 多半是實支實付型延伸而來，從上兩型擇優申領。通常小病花費少，日額型可拿較多；大病則實支實付可能拿多一點。

住院醫療險除了基本三型外，還有定額型也很常見，就是保單有寫的項目出險時，就給一筆固定金額。這些正面表列的項目常橫跨多個險種，像住院日額、癌症、重大疾病、手術等等，全部會

有一個總限額。因不需收據、理賠項目多，通常不便宜，適合預算較多時補強。上述日額型就可看成是簡單的定額型。

有多貴？僅日額一項給付的陽春日額型、1 年期附約、保證續保到 79 歲，若買單位日額 2 千元，年繳保費從 30 歲前的 2、3 千元到 75 歲的 1 萬多。若除了日額還有其他給付項目，當然就更貴。其次是實支實付型，例如若限額為每日病房 2,000 元 / 住院醫療 10 萬 / 手術 6 萬，年繳保費比上述陽春日額型還可略低幾百元；當然限額若拉高就會變貴。至於二擇一型，若用上面這兩者的保額二擇一，各年齡的保費會比陽春日額型多個幾 % 到 1 倍左右，愈老貴愈多。

怎麼用？日額型不需收據，只要住院，就可領錢，簡單方便；若要對抗大筆的醫藥費，則實支實付型的限額愈高、愈能應付。

答 answer | **沈太太的二擇一型，申請實支實付型可拿較多**

日額型只領到：2,000 元 * 住院 3 日 =6 千元（不需收據，依住院天數給付）

不考慮健保，實支實付型合計可領到 1.8 萬元（假如健保給付 7 千元，則實支實付只會賠 1.1 萬元）：

- 每日病房費 1,000 元 * 住院 3 日 =3 千元（類似日額型）
- 住院醫療費用 5 千元（未超過 5 萬限額，憑據實支實付）
- 每次手術費用 1 萬元。因未超過給付上限 =7 萬限額 * 闌尾切除術給付 60%=4.2 萬，故可憑據實支實付 1 萬元

基本三型有定期和終身。一般我們買到的住院醫療險都是 1 年期附約！你會說：「不對啊，我買了很多年，也沒辦過什麼續約手

續啊？」此乃因壽險公司的 1 年期住院醫療險都自動保證續保（產險公司也有，但不保證續保）。但你沒注意到的是它的階梯式自然費率，每 5~10 年調漲一階；且雖保證續保，卻只保到 65~85 歲，後面你太老，生病機會太高，就不保啦！

至於「終身」住院醫療險，目前多是「限額不限齡」的帳戶型。你買一個帳戶的限額，何時用完，就何時終止（限額）；但若一直沒用完，則不管幾歲都仍有效（不限齡）。故所謂「終身」，若只講「不限齡」，卻未講「限額」，就很容易誤導消費者！以前有很多「理賠無上限」的終身醫療險，後來虧損太大，主管機關也不希望保險公司背負太多風險，故 2006 年後便銷聲匿跡。不久後，有一張「理賠無上限」醫療險保單重現江湖，但配套是保險公司有權在你投保後調高保費，通知你後，你可選擇是否續保（若你無法負擔而放棄，還是白搭）。2019 年初，市面上共有兩張這種保單，都可保到百來歲。

身故時，消耗型的什麼都沒有；保本型的會把總繳保費扣掉曾賠給你的，若有剩下就還你；最好的是把未用完的帳戶餘額還你，當然這也最貴。其實，不管消耗 / 保本 / 還本型，醫療險只要是終身的都很貴，一般投保 1 年期就夠了，不但每年到期續保後可採從新從優原則解釋保單條款，理賠較有彈性，且省下的保費拿去穩健投資，長期下來可能得到更多，老年醫療更有保障，可回頭看一下第一章【觀念 9】。

重大疾病險 / 嚴重特定傷病險 / 重大傷病險

例 e.g.　**中風賠？洗腎不賠？**

沈太太曾投保重大疾病險 100 萬，半年後突然中風，半身不遂，獲得理賠。再過一年，不幸又被診斷出末期腎病變、必須洗腎，卻無法獲得理賠？

何時賠？賠什麼？初次罹患或遭受保單定義的疾病或傷害時就給錢，不一定要住院。重大疾病險只保障傳統 7 種重大疾病：癌症、急性心肌梗塞、腦中風後障礙、癱瘓、末期腎病變、重大器官移植或造血幹細胞移植、以及冠狀動脈繞道手術。嚴重特定傷病險則自 2019 年起統一為 22 種，其中有 7 種傷病的定義很嚴格（如嚴重巴金森氏症、嚴重類風濕性關節炎等），除罹病外，還須符合長照險「無法自理生活」定義方可理賠。另外，還有保單以健保重大傷病定義為準，不需醫師證明，只要拿到全民健保核發的重大傷病卡就理賠，故也稱為重大傷病險。

答 answer　**理賠一次後，保險契約便終止，後續重疾無法獲賠**

中風是重大疾病險涵蓋的傳統 7 種疾病之一，就算沈太太買的是有等待期 30 天的終身險，因為是半年後才中風，故可理賠，給付金額要看輕重度而定。但理賠後，保單便失效，已經沒有這個保障了，所以其後再洗腎當然不會理賠。

有多貴？定期險以消耗型居多，1~30 年期都有。投保二十幾種傷病的 1 年期附約 100 萬保額、保證續保到七、八十歲，年繳保

費從 30 歲的 2、3 千到 65 歲的 2、3 萬，七十幾歲就要 4、5 萬了。傷病種類愈多愈貴、60 歲後急速變貴。至於終身險，有消耗型也有身故 / 完全失能時退還總繳保費的保本型；繳費 20 年買 100 萬的消耗型終身險、年繳保費要 1~5 萬，若壓縮到 10 年繳費，則每年要 3~10 萬；保本型當然更貴。終身型常有 2~6 級失能豁免保費，亦即若重度失能卻未罹病，則可免繳保費（這個滿重要的），直到罹病拿錢，才終止契約。

怎麼用？1 年期只適合臨時補強，60 歲後保費隨體況變差而飛漲，負擔就重了。基於這個原因，重疾 / 特傷險可考慮終身型的，但消耗型就夠了，不需買到保本 / 還本型（參第一章【觀念 9】）。

癌症險——跟癌症長期抗戰

例 e.g. ▶ **癌症險理賠怎麼算？**

沈太太除了買過《附錄一 - 表 3》的住院醫療險二擇一型、和重大疾病險 100 萬外，還買了癌症險一次給付型 100 萬和分項給付型《附錄一 - 表 4》3 個單位。假設沒有前例的中風和末期腎病變，而是直接診斷出胃癌，住院 14 日，醫療雜費 8 萬，手術切除半個胃花了 19 萬；出院後又回院做了化療 6 次（假設都未住院）、放療 25 次（不必住院），另外自己在家吃標靶藥花了 120 萬。不考慮全民健保，沈太太可得多少理賠？

何時賠？一次給付型確診罹癌時給一筆錢。分項給付型就是常聽到的投保幾個單位或某個計畫，它會正面表列很多癌症醫療項目，有發生的項目才憑收據給付該項表列金額，各分項皆有限額，

全部則會有一個總限額。譬如下表是 1 個單位，若投保 3 個單位（假設這就是沈太太買的），理賠金額就是右側的保額乘以 3。

《附錄一 - 表 4 癌症險分項給付型舉例：1 單位》

給付項目	1 個單位保額（元）
第一次罹患癌症保險金	50,000
癌症住院醫療保險金（每日）	1,000
癌症長期住院特別看護保險金（每日）	1,000
癌症住院手術醫療保險金（每次）	15,000
癌症門診手術切除醫療保險金（每次）	1,500
癌症出院療養保險金（每日）	1,000
癌症門診醫療保險金（每日）	500
白血病骨髓或幹細胞移植保險金	50,000
惡性淋巴瘤骨髓或幹細胞移植保險金	50,000
癌症放射線治療保險金（每次）	1,000
癌症化學治療保險金（每次）	1,000
1 個單位之給付總限額	200 萬

賠什麼？ 2019 年起，癌症分成初期 3 類、輕度 10 類、其他都是重度。初次罹癌及癌症手術，依保單條款，分別給付保額的 10% 到 100% 不等。

答 answer ▶ **以下全部合計，沈太太共可領 252.14 萬（假設是重度，可領保額的 100%）**

（一）住院醫療險二擇一型，申請實支實付型較多，拿 14.94 萬：

日額型只領到：2,000 元 * 住院 14 日 =2.8 萬

不考慮健保，實支實付型可領下列三個當然給付共 14.94 萬：

- 每日病房費 1,000 元 * 住院 14 日 =1.4 萬
- 住院醫療費用 5 萬（雖實花 8 萬，但只給付限額 5 萬）
- 每次手術費用 8.54 萬（雖然實際花費 19 萬，但只會給付

限額 7 萬 * 胃部分切除術之給付比率 122%=8.54 萬）

（二）重大疾病險 100 萬（假設就給付保額的 1 倍）

（三）癌症險一次給付型 100 萬（假設理賠 1 倍）；勉強支應標靶藥的龐大花費

（四）癌症險分項給付型 3 個單位，把《附錄一 - 表 4》乘以 3，共可領 37.20 萬：

- 初次罹患癌症保險金 =50,000 元 *3=15 萬
- 癌症住院醫療保險金 =1,000 元 *3* 住院 14 日 =4.2 萬（與實際花費 8 萬無關）
- 癌症住院手術醫療保險金 =15,000 元 *3=4.5 萬（與實際花費 19 萬無關）
- 癌症出院療養保險金 =1,000 元 *3* 比照住院 14 日 =4.2 萬
- 癌症放射線治療保險金 =1,000 元 *3*25 次 =7.5 萬
- 癌症化學治療保險金 =1,000 元 *3*6 次 =1.8 萬
- 標靶藥雖屬化學治療範圍，但因《附錄一 - 表 4》未單獨列出，故不理賠
- 沈太太是第一次理賠，未超過總限額 200 萬 *3=600 萬，故可獲上述所有理賠。

有多貴？投保 1 年期附約一次給付型 100 萬保額，年繳保費從 30 歲的 1、2 千，快速遞增到 65 歲的 3、4 萬，七十幾歲更攀高到 5、6 萬。事實上，50 歲後，一次給付型癌症險是數一數二貴的險種！分項給付型便宜很多，40 歲前，年繳僅幾百、最多 1 千元上下就可買到 1 單位，要到 70 歲後才會上萬。

怎麼用？若預算夠，買 1 年期一次給付型來當核心保障，一次拿大錢，運用較有彈性。然 1 年期雖可保證續保到 70~105 歲，但老年最需要保障之時，自然保費變得很貴，負擔得起嗎？再更老、

不再保證續保之後呢？怎麼辦？方法一是，先買便宜很多的分項給付型。我比較了一次給付和分項給付型的保費，很粗略地說，大概前者投保 100 萬相當於後者 3~5 個單位（分項愈多愈貴）。故若預算緊，可先買分項給付型 1~3 個單位來當基本保障。方法二是，儘早準備投資錢來支應（第五章）。方法三則是乾脆買較貴的終身型，其平準保費不會愈老愈貴。譬如消耗型終身癌症險，繳費 20 年，一次給付型買 100 萬，年繳保費 1~3 萬；而分項給付型買總限額（限額不限齡）200 萬的 1 單位，則年繳 5 千到 1 萬多。終身癌症險消耗型雖較便宜，但可慎重考慮買有死亡給付、較貴的保本終身型。較常見的死亡給付是退還總繳保費加幾 % 或保價金，且不必扣除已領的錢。也就是說，除了生前領走的理賠金外，身故時還可把保費拿回來保本。這種有死亡給付的終身癌症險有多貴？一次給付型 100 萬年繳保費少說 3、5 萬，50 歲後可達十幾萬。由於癌症死亡率高，死亡給付很快被領走的機率也高，故才這麼貴。終身癌症險若有豁免保費，條件以 1~6 級失能較常見。

手術險

例 **手術險理賠怎麼算？**
e.g.　假設沈太太另有投保手術險保額 1 千元，上例癌症手術可再獲理賠 3 萬：半胃切除術給付倍數 30 倍 * 保額 1 千元 =3 萬

何時賠？保單有寫的手術項目，在合格的醫院或診所手術就賠，沒手術就不賠。

賠什麼？投保時買一個保額，譬如 1 千元，理賠金是該保額的

幾倍到幾百倍，保單會詳列上千項手術的給付倍數，針對有發生的手術項目理賠，通常會有一個總限額（譬如 1,300 倍），用完為止。

有多貴？定期險不貴。上千項手術之 1 年期附約、每 1 千元保額，30 歲年繳保費約 1 千，60 歲約 3 千、七十幾歲約 6、7 千。終身險則貴好幾倍，多是身故退還總繳保費的保本型主約，保到身故、祝壽或總限額用完（限額不限齡）為止，且不排除會搭配住院醫療險附約一起賣，或混進其他健康險種的給付項目。若有豁免保費，多是 1~6 級失能或罹患重大疾病。

怎麼用？一般幾萬塊錢的手術，住院醫療險、癌症險、意外醫療險、骨折險等醫療類險種都可理賠。手術險不是要「取代」這些險種、只是要「補強」重大手術的高額費用。若你的體家職風險可能會有重大手術，就可考慮投保手術險。

意外醫療險

何時賠？賠什麼？請直接參閱第一章。

例 e.g. 「意外險 + 意外醫療險」套餐

沈太太在沈小弟剛上小學時，就幫他向壽險公司買了「意外險主約 + 意外醫療險附約」套餐如下：

《附錄一 - 表 5 「意外險 + 意外醫療險」套餐舉例》

	保障範圍	計畫 B
意外險	一般意外死亡及失能	100 萬
	搭乘大眾運輸工具 - 增額給付	300 萬
	特定天災 - 增額給付	300 萬
意外醫療險	意外傷害住院日額	1,000 元
	意外傷害住院實支實付 - 限額	3 萬
	重大燒燙傷 - 最高限額	50 萬
	特定人工器官 - 最高限額	5 萬

　　後來沈小弟上體育課受傷，住院 5 日、醫藥雜費 2 萬、左小腿骨折手術花了 7 萬。打三根鋼釘並上石膏後出院，兩個月後拆除石膏，方可不用拐杖走動。若不考慮全民健保，可得多少理賠？

答 _{answer} **沈小弟至少可拿 3.5 萬**

意外險主約不理賠，因未失能、也未死亡。

意外醫療險可領到 3.5 萬：

- 日額 1,000 元 * 住院 5 日 =5 千
- 實支實付 3 萬（實花 2+7=9 萬，超過限額，故只給 3 萬）
- 骨折的部分，除非意外醫療險有包括骨折給付，或另外有買骨折險，才會理賠。

　　有多貴？多是 1 年期附約、不需體檢、自動續保。都依職業別訂價，跟意外險一樣便宜，日額 2 千元的 1 年期附約，一至三類職業年繳保費約 1、2 千，四至六類則 3 到 6、7 千元；限額 10 萬的實支實付型保費也差不多；產險公司比壽險公司的便宜近半，但不保證續保。至於身故或滿期會退還總繳保費的保 / 還本型，當然貴很多。

　　怎麼用？意外醫療險跟意外險是哥倆好，像運動受傷就醫的醫藥費，前者賠，後者不賠；意外身故或失能，則相反。故這兩者常綁在一起組成「計畫 A、B、C」等套餐來銷售，而這也正是旅行平安險的核心項目。小孩活動量大，意外受傷機會高，故為小孩買的保險裡面，這兩者也是常客。套餐的內容千變萬化，譬如本來單純理賠身故 / 失能這種「結果」的意外險，也可針對特殊「肇因」多給幾倍的錢，像搭乘大眾車船飛機、電梯、火災、地震、雷擊、

甚至恐怖活動等等。意外醫療險也一樣，可加進許多跟意外相關的醫療項目，像重大燒燙傷、加護病房等等。當然，保障項目愈多就愈貴。下面是某產險公司 1 年期的實際保單，給你感覺一下，一類職業保費約 3,400 元。

《附錄一 - 表 6 實際案例：「意外險 + 意外醫療險」套餐》

	保障範圍	保額（元）	說明
意外險	個人傷害保險（標準型）	10 萬	主約；保意外死亡及失能
	個人傷害保險（標準型）身故多倍給付附加條款	290 萬	只保意外死亡、不保失能；身故保額與上面主約合計 300 萬
	身故完全失能保險金附加條款	10 萬	保意外死亡及完全失能；身故保額與上兩者合計 310 萬
	失能多倍給付附加條款	400 萬	意外致失能時，依失能等級給付；失能保額與上面主約合計 410 萬
	特定事故附加條款 - 大眾運輸交通工具	1,700 萬	遭受保單定義之特定事故而死亡或失能時理賠
	特定事故附加條款 - 火災	600 萬	
	特定事故附加條款 - 電梯	600 萬	
	特定事故暨特定時間保險金最高給付限額附加條款	~	若同時符合上三項或其中兩項特定事故時，僅給付其中一項保額較高者
	車輛交通事故給付附加條款	50 萬	遭受保單定義之車輛交通事故而死亡或失能時理賠
	恐怖主義限額給付附加條款	~	若因恐怖主義而死亡及失能，本契約理賠上限為 200 萬
意外醫療險	傷害醫療保險給付附加條款（實支實付型）	3 萬	超過健保之部分，在限額內實支實付
	傷害醫療保險給付附加條款（日額丙型）- 一般病房	2 千	給付「住院日數*2 千」，最高給付 90 日；若骨折未住院則另依「骨折給付日數表」理賠
	傷害醫療保險給付附加條款（日額丙型）- 出院慰問金	3 千	連續住院 3 日以上後出院者，給付 3 千
	重大燒燙傷給付附加條款（比例保險金）	300 萬	符合保單定義之燒燙傷時，依比例給付
	救護車運送保險金附加條款 - 實支實付	2 千	每次 2 千為限

骨折險

何時賠？賠什麼？賠骨折！不管有沒有住院、不需收據、直接定額給付「保額 * 骨折給付比例或倍數」。保單都有附表，針對不同程度和部位的骨折或脫臼，列出骨折給付比例或倍數。若理賠項目有骨折未住院醫療保險金，則會表列各部位骨折的給付日數（譬如 14 天、28 天等等）。

有多貴？常依職業別訂價，也有按性別年齡的。消耗型很便宜；附加條款最便宜，第一、二、三類職業每 10 萬元保額之年繳保費最多 1 千元，四、五、六類約 2~4 千；產險公司更便宜。保 / 還本型當然就會貴些。

怎麼用？由於骨折幾乎都是意外造成，故骨折險最常跟意外醫療險綁在一起。只保障骨折一項者（細分三、四種骨折情形），多半在意外醫療險保單加買附加條款即可。但若要保更多項目或是保 / 還本型，就須買一張獨立的骨折險主約或附約。

醫療類主要險種的小小彙總

醫療類保險太複雜，但你若拿底下兩張彙總表去跟保險顧問討論，應該就不會迷失。為了讓你更容易掌握這兩張表、尤其是第一張，請你再看一個例子。

例
e.g.

醫療險賠什麼？

小翎全家到溪頭度假，先生意外摔落水溝，右手和腰椎骨折，下肢不聽使喚，緊急送台中榮總動手術，萬幸康復，但住院兩週花了 60 萬！不考慮健保，小翎的先生可獲哪些險種理賠？

現在，請你邊看下表邊想答案。

《附錄一 - 表 7 醫療類主要險種摘要之一：何時賠？賠什麼？》

險種		住院醫療險	意外醫療險	重疾 / 特傷險	癌症險	手術險	骨折險
何時賠？（多有30日等待期；癌症險則為90日）		不論意外或疾病導致，原則是住院才賠；而門診手術、急診等非住院者，要保單有寫才會賠	意外傷害就醫才賠；有些只針對住院才賠，有些則不一定要住院，只要是合格登記的醫院或診所「治療」（但國術館、接骨所不算），就會理賠	初次罹患或遭受符合保單定義的傷病；至少7種，多則22、甚至數百種，其中有7種可能還須符合長照態定義	初次罹癌時賠；分項給付型再針對有發生的表列醫療項目理賠	手術（不論住院或門診）	骨折、脫臼切開術、內臟或腦損傷手術，有沒有住院都賠
賠什麼？	日額	不需收據、不管健保，直接領「住院日數*單位日額」，會有上限，譬如365日等；其他給付項目須有正面表列	同左；但正面表列的項目多半會包含跟意外有關的燒燙傷皮膚移植、顏面傷害失能整形、意外骨折、骨折輔助器材補償、創傷縫合處置、食物中毒慰問金、老殘照顧、托兒照顧、救護車運送、搭乘大眾車船飛機等等	初次罹患或遭受保單定義的疾病或（意外）傷害時，領一大筆錢，契約便終止，跟住不住院無關	一次給付型：初次罹患保單定義的癌症時（分初期、輕度、重度），領一筆錢、契約結束		不必收據、定額領「保額*骨折給付比例或倍數」
	實支實付	超過健保的部分，憑收據在三個當然給付的限額內申領（每日病房費/住院醫療費/住院手術費），還會有一個總限額	超過健保的部分，憑收據在總限額內申領（不必像左列住院醫療險那樣細分三個限額，較有彈性）		分項給付型：正面表列的癌症醫療項目中，有發生的就逐項憑收據在限額內申領；通常還會有個總限額	「手術保險金=保額*該項手術的倍數」，會有總上限倍數	
	二擇一	上二者擇優申領	通常是同時購買日額型跟實支付型，然後兩者都可申領（二合一），不必二擇一				

註：本表僅供參考，實際理賠條件和給付內容仍應以各保險公司核保為準

用上面這張何時賠？賠什麼？的彙總表，便可知誰賠、誰不賠。

答 answer ▶ **小翎先生意外骨折住院手術的理賠：**

住院醫療險：有住院，賠。

意外醫療險：是意外、有在合格醫院就醫，賠。

重疾 / 特傷險：不是疾病，不賠。

癌症險：不賠。

手術險：賠。

骨折險：賠。

附帶一提，雖是意外跌倒，但意外險不賠！因為小翎的先生並未身故或失能。但若手術失敗，下肢仍然不聽使喚，屬於 2 級失能，則意外險會賠保額的 90%。

下頁是另外兩個面向有多貴？怎麼用？的彙整。

《附錄一 - 表 8 醫療類主要險種摘要之二：有多貴？怎麼用？》

	險種	住院醫療險	意外醫療險
	保單例	保證續保的 1 年期附約	
有多貴？	保額舉例	只有日額 2 千元一項給付之陽春日額型；或限額為每日病房 2 千 / 住院醫療 10 萬 / 手術 6 萬之實支實付；或這兩者二擇一	日額 2 千、實支實付限額 10 萬
	30 歲左右之年繳保費	陽春日額型 30 歲前後 2、3 千元，7、80 歲時 1 萬多；實支實付型便宜個幾百元；二擇一型各年齡都會比陽春日額型多個幾 % 到 1 倍左右，愈老貴愈多	跟年齡 / 性別無關；第一、二、三類職業 1、2 千元；四、五、六類則 3 到 6、7 千元
	7、80 歲之年繳保費		
怎麼用？	優點	① 不管疾病或意外導致的住院醫療，都會理賠 ② 日額型不需收據；實支實付型可在限額內支應龐大醫藥費；二擇一型擇優申領，可當核心	① 是住院醫療險的「意外傷害」加強版，針對意外最常見的骨折、創傷縫合、燒燙傷等，特別加強給付 ② 日額與實支實付二合一可同時申領；實支實付限額只有一個總數，不像住院醫療險分三個當然給付各有限額，申領更有彈性
	缺點	①通常住院才理賠；掛號費、門診手術、急診必須保單有寫，才會理賠 ②可能不夠支應重疾/特傷、癌症、重大手術之醫療費用，需另外投保這些險種補強 ③定期險 7、80 歲後就不續保；終身險「限額不限齡」，貴	只保意外、不保疾病
	優先考慮投保	可先用 1 年期二擇一型當核心，視預算再買 1 年期日額型補強；若預算少，至少也應投保陽春日額型	意外醫療險多是 1 年期附約；常跟意外險綁成套餐銷售；可以壽險公司（保證續保）為主，產險公司不保證續保，但便宜近半，適合拿來臨時補強
	選擇性投保或不投保	終身險貴、保 / 還本型更貴	終身險貴、保 / 還本型更貴

註：本表僅供參考，實際理賠條件和給付內容仍應以各保險公司核保為準

重疾 / 特傷險	癌症險	手術險	骨折險
保證續保的 1 年期附約			
100 萬、二十多項傷病	一次給付型 100 萬；分項給付型 1 個單位（計畫套餐包括癌症住院醫療保險金每日 1 千元及其他項目）	保額 1 千元、逾千項手術	10 萬
2、3 千元	一次給付型年繳 1、2 千元；分項給付型 1 單位年繳幾百元	1 千元左右	跟性別年齡無關；一、二、三類職業約 1 千元；四、五、六類則 2 到 4 千元
4、5 萬	一次給付型年繳 5、6 萬元；分項給付型 1 單位年繳 1 萬左右	6、7 千	
罹患或遭受符合定義的傷病就可領錢，不一定要住院；可根據體家職風險決定是否購買	一次給付型若保額夠高，較可彈性支應癌症住院、特殊手術、放療、化療、標靶等龐大的醫藥費	針對住院醫療險、重疾 / 特傷險、癌症險等的重大手術之龐大費用，予以補強	骨折未住院也領得到錢
① 2019 統一為 22 項傷病之前的舊保單，疾病定義模糊地帶易有爭議 ②癌症的保障常不如癌症險；領一次後契約就結束，萬一再罹其他重疾，就不再有保障 ③定期險 7、80 歲後就不續保；偏貴	①只保癌症，不保其他疾病 ②一次給付型數一數二貴 ③ 1 年期 70~105 歲後就不續保；分項給付要有發生的表列項目方可憑據申領；終身險「限額不限齡」	①沒動手術就不理賠 ② 1 年期 7、80 歲後就不續保；終身險「限額不限齡」	沒骨折就不理賠
由體家職風險決定該不該買；若要買，最好 45 歲前；可優先買消耗終身型，繳費 20 年、100 萬保額的年繳保費 1~5 萬、愈老愈貴，若繳費期壓縮到 10 年，則要 3~10 萬；保本型更貴	預算緊，買分項給付 1~3 個單位；預算夠者，買 1 年期一次給付當核心，再用分項給付補強；預算更多者，買消耗終身型，繳費 20 年、一次給付 100 萬者、年繳保費 1~3 萬；而 1 單位限額 200 萬之分項給付型，年繳 5 千到 1 萬多	體家職之手術風險高者，可優先買保證續保的 1 年期	用附加條款在意外醫療險保單裡面加買，最便宜；其次是附約
保本型貴；1 年期較適合臨時補強，但 60 歲後保費飛漲	可慎重考慮有死亡給付的保本終身型，但很貴	終身險（限額不限齡）	保 / 還本型貴

三、長照類

　　勞委會的報告說，職業災害導致的 1 級失能平均存活 13 年，2、3 級 18 年，更輕的 7~11 級就更久了。而若沒病沒殘，只是失智，重者概估存活 5~10 年，輕微者則更久。一般估計每月 5 萬是最起碼的長照花費，要撐 10~20 年的話，需 600~1,200 萬！

　　長照類五大險種理賠標準不一，但都是為了對抗殘太慘風險。出險時，意外險、失能險可一次拿一大筆錢，再慢慢花用，撐個一、二十年。長照險和類長照險（類長照-失能扶助險、類長照-特傷險）則以月或年的分期給付為主。

意外險

　　意外險是身故類的補強，更是長照類的核心！一來便宜，像 1 年期意外險 1,200 萬，一至三類職業年繳保費僅 1、2 萬（但風險高的四至六類職業要 3~8 萬，就貴），這不但比近似保額（月領 5 萬、領 240 個月）之類長照-失能扶助險終身型的 2、3 萬便宜，更不用說長照險的 2~6 萬了！二來一次拿大錢，運用較有彈性。若 1 級失能一次領 1,200 萬、月花 5 萬，可撐 20 年；2 級失能領 90%、980 萬、月花 4 萬，也可撐 20 年。三來只要意外導致失能就會賠，不必像長照險那樣，每（半）年都要醫生再診斷完全無法自理生活才賠。

失能險（舊稱殘廢險）

　　失能險跟意外險互補，是完美搭配。

　　何時賠？只要失能就賠！不論是疾病或意外造成的、不論是

否無法自理生活。譬如意外傷害造成的一目失明、重要關節缺失或喪失機能的 6 級失能，雖活動不便，但仍可自理日常生活，此時長照險不賠，但失能險跟意外險都可領到保額的 50%。

賠什麼？按失能等級比例一次給付失能保險金。

有多貴？職業別訂價的失能險比壽險公司 1 年期意外險還便宜！也有用性別年齡訂價的，女比男便宜，因為女性活動力較低，殘廢失能風險也較低；且愈年輕便宜愈多。若用 500 萬保額去比較這兩種訂價會發現，一至三類職業年繳保費 2、3 千，約跟 40 歲相當；四至六類 4、5 千，則跟 45 歲相去不遠。亦即，40 歲前買性別年齡訂價的，會比職業別訂價的便宜，尤其 30 歲前超便宜，男女年繳 1、2 千居然就可買到 500 萬！而 45 歲後，就要買職業別訂價的才比較便宜。

怎麼用？所有人都該買，尤其是靠勞力、跑外勤者。

長照險

何時賠？賠什麼？醫師診斷證明長照態時，先給一筆、再給分期（有上限）。只有終身型，常會加進終身壽險常見的老年住院提前給付、祝壽金等。

怎麼用？長照險是唯一可保障自然老化的失能失智之險種。然長照險有兩點較常被詬病，第一是理賠門檻高。須每年或每半年提供最近一個月內醫院專科醫師開具之診斷證明書及巴氏量表、臨床失智評分量表（CDR）或其他專業評量表，確認仍符合長照態，方可繼續領錢！第二是貴。

有多貴？無死亡給付的消耗型、20 年繳費的保單，投保月領 5

萬的話，25歲男年繳保費要2~3萬、女性3~4萬；若到45歲才投保，男性年繳3~5萬，女性更高達6萬！若是更短的10年、15年繳費期，年繳保費還會更高。保/還本型當然會再更貴。

類長照 - 失能扶助險

何時賠？賠什麼？第一筆依1~11級失能給付比率先給一筆錢，跟失能險及意外險一樣。第二筆在1~6級重殘時，不分等級比例、分期給錢，才是「扶助」的真義；會給付到限額用完、保證給付期間結束、或特定高齡歲數為止。若有第三筆，則是任何失能等級都給一筆同樣金額，通常不多，關懷慰問一下罷了。

有多貴？譬如月領5萬、給付上限180個月、保證續保的1年期附約之年繳保費，35歲前男性只要2、3千，女只要1千上下，等於一天約10元就可買到月領5萬、上限近千萬的保障；男到50歲、女到60歲才會上萬；再老，殘廢失能的風險遽增，就貴了，65歲男要3萬多、女近2萬；75歲更高達7萬多和4萬多。其次，20年定期、月領5萬的年繳保費，男20~40歲約4~9千、女25~45歲約2~7千；要到男45、女50歲之後才會上萬，55歲時才投保還2萬有找。再來是終身型，繳費20年、分期給付上限50年或到111歲、保證給付15年的消耗型附約，投保月領5萬的年繳保費，25~45歲約2、3萬，60歲則約4萬，再老就不易買到了。類長照 - 失能扶助險跟失能險一樣，都是女比男便宜、愈年輕便宜愈多。終身型的女比男便宜一成多、20年定期險可便宜二至五成、1年期更可便宜五、六成。另外，還有保到特定歲數的歲滿型，但較少見。

怎麼用？最佳狀況是，先買一次領的失能險500萬，再買分期

領的失能扶助險，拉高保障。

類長照 - 特傷險

　　何時賠？賠什麼？除了以分期給付為主之外，其他觀念跟重疾 / 特傷險都相同。

　　有多貴？性別、年齡、疾病發生率都會影響保費。年輕病痛少，很便宜；40 歲後壓力重、健康變差，就開始快速變貴，有死亡給付的保 / 還本型，更貴。以保證續保到七、八十歲的 1 年期附約言，若月領 5 萬，30 歲年繳保費就近萬；55 歲後可能高達十幾萬；65 歲後，2、30 萬也很常見！20 年定期險和終身險當然貴更多，一樣月領 5 萬的年繳保費，25~40 歲都要好幾萬；45 歲起就可能直接跳到十幾萬！

　　怎麼用？因為 40 歲後很貴，若體家職的重大傷病風險明確，應趁早買。但若重大傷病風險不高，可只買類長照 - 失能扶助險。

長照類主要險種的小小彙總

　　第一張彙總表是何時賠？賠什麼？

> **例**
> e.g.
> **老陳中風，哪些險種會理賠？**
> 　　老陳早年喪偶、已退休但沒什麼積蓄。孝順的一兒一女都剛成家，每月收入扣掉給老陳的生活費，剛好可以撐住自己的小家庭。不料有一天老陳突然中風，左邊半身不遂、口齒不清卻意識清楚，除了可用右手拿湯匙慢慢吃東西外，其他日常活動都需旁人協助。醫囑須住院做復健，看幾個月後能否好一點。然而一天看護費 2,800 元，加上伙食等其他花費，一個月再怎

麼省也要十幾萬。兒女全家除了下班後輪流到醫院照顧外，更是入不敷出，用積蓄撐了幾個月就無能為力。兒子只好辭去工作，自己照顧老爸，先把最貴的看護費省下來，後面再想辦法。

現在，請邊看下表邊想。

《附錄一 - 表 9　長照類險種摘要之一：何時賠？賠什麼？》

險種		意外險	失能險（舊稱殘廢險）	類長照 - 失能扶助險（舊稱殘扶險）	長照險	類長照 - 特傷險
	保障概念	失能或死亡	失能	失能	長照態	特定傷病
	理賠原因	意外	疾病或意外	疾病或意外	疾病、意外、體質衰弱（含自然老化）	遭受或罹患特定傷病
何時賠？	理賠依據	1~11 級失能或死亡	依性別年齡訂價者保 1~11 級失能；依職業別訂價者只保 2~11 級	1~11 級失能給一筆錢；1~6 級重度失能再分期給錢	符合需長照態：失能（六取三）、失智（三取二）	初次遭受或罹患保單定義的傷病，少則 7 項，多則 22、甚至數百項，其中有 7 項可能還須符合長照態的定義
	免責期 / 等待期	無	30 日或無；有些要再觀察 180 日後，其失能狀態持續存在才理賠		90 日	① 癌症 90 日、其他 30 日，意外傷害導致者則無等待期 ② 除重大手術外，有些傷病要治療 6~12 個月後診斷確認才算
賠什麼？	給付內容	死亡一次領 100% 保額、契約結束；失能同右	一次給付「保額 * 失能等級給付比例」，從 5% 到 100%，契約結束	① 第一筆依 1~11 級失能給付比例先給一筆錢 ② 第二筆 1~6 級重度失能時，不分比例，直接分期給付到限額用完、保證給付期間結束、或特定高齡歲數為止 ③ 若有第三筆，則是任何失能等級都給一筆同樣金額的小錢	確定長照態時先給一次，後面再每月、半年、或每年分期給付，但多半有總限額	① 罹病或遭受傷害時先給一次，後面再每月、半年、或每年分期給付到保證給付期間結束、限額用完或特定高齡歲數為止 ② 保證期間內死亡可將餘額折現，一次付給受益人

註：本表僅供參考，實際理賠條件和給付內容仍應以各保險公司核保為準

現在來看看老陳的例子，誰賠、誰不賠？

答 answer ▶ **中風的理賠**

意外險不賠：中風是疾病，不是意外。

失能險、類長照 - 失能扶助險都賠：老陳算 2 級失能「中樞神經系統機能之病變，致終身不能從事任何工作，日常生活需人扶助者」。

類長照 - 特傷險、重疾 / 特傷險都賠：中風是重大疾病。

長照險可賠：雖未失智，但已失能（食 / 衣 / 睡 / 行 / 浴 / 廁六項中，僅能自行進食，其餘五項均需他人協助），符合長照態至少六取三不能自理的要求。

長照險，賠？不賠？

自然老化造成的失能失智（不一定要殘廢失能或罹病），長照類險種中僅長照險會賠（但須符合六取三或三取二的長照態）。

反之，若沒有嚴重到符合長照態，即使重度失能或重病重傷，譬如切除部分主要臟器的 9 級失能卻仍行動自如、或罹癌但未癱瘓，長照險是不賠的。

照顧健康的失智老人最慘：若沒重病重傷、沒重度失能，卻有自然老化的失智，但未嚴重到符合長照態，還可到處趴趴走，則沒有任何一種保險可賠。

第二張彙總表是有多貴？怎麼用？，為了跨險種比較，字又多又小，請包涵。

《附錄一 - 表 10 長照類險種摘要之二：有多貴？怎麼用？》

	險種	意外險	失能險（舊稱殘廢險）	
有多貴？	訂價基礎	職業別	職業別	性別年齡
	保單舉例	1 年期附約	失能險只有 1 年期附約	
	保額舉例	1 級失能 1,200 萬	1 級失能 500 萬	
	年輕的年繳保費	壽險公司一至三類職業 1、2 萬，四至六類 3~8 類	一至三類職業 2、3 千，四至六類 4、5 千，約僅壽險公司 1 年期意外險的 15~40%	30 歲前超便宜，5，男女都僅 1、2 千
	年老的年繳保費		一至三類職業年繳保費 2、3 千，約跟 40 歲相當；四至六類 4、5 千則跟 45 歲相去不遠。也就是說，40 歲前買性別年齡訂價的，會比職業別訂價的便宜，尤其 30 歲前超便宜，男女年繳 1、2 千居然就可買到 500 萬！而 45 歲後，就要買職業別訂價的才比較便宜	40 歲 2、3 千；50 歲 5、6 千，60 歲上萬；75 歲跳到 5、6 萬；80 歲要十幾萬
怎麼用？	優點	失能理賠標準明確；職業別的訂價有利於體況差、年紀大者投保，便宜，保費跟年齡無關、不用體檢		
	缺點	只保意外不保疾病；多只保到 75 歲	殘廢失能方理賠、不保身故；最高保額可能僅 500 萬；不一定保證續保；多只保到 75 歲	
	優先考慮投保	1 年期附約，以壽險公司（保證續保）為主，產險公司（便宜近半、但不保證續保）的則用來短期臨時補強	人人必買，靠勞力、跑外勤的年輕人更是優先，因為一天不到 1 元就可買到 100 萬保額	意外險被拒保或加費者，可改買用性別年齡訂價的失能險
	選擇性投保或不投保	3 年期、保/還本型	無	

註：本表僅供參考，實際理賠條件和給付內容仍應以各保險公司核保為準

類長照 - 失能扶助險（舊稱殘扶險）		長照險	類長照 - 特傷險
性別年齡；女比男便宜、愈年輕便宜愈多。終身型女比男便宜一成多、20 年定期可便宜二至五成、1 年期更可便宜五、六成		性別年齡	性別年齡
1 年期附約；1~6 級失能分期給付、限額 180 個月、保證續保	消耗型 20 年定期險（適合保障重擔期）；1~6 級失能分期給付	繳費 20 年消耗型終身附約；1~6 級失能分期、限額 600 萬或達 111 歲止、保證給付 15 年	繳費 20 年的消耗終身型；長照險都是終身型	一、二十種傷病的 1 年期附約
		月領 5 萬	月領 5 萬	月領 5 萬
35 歲前男只要 2、3 千，女只要 1 千上下，約當一天 10 元	男 20~40 歲約 4~9 千元、女 25~45 歲約 2~7 千	25~45 歲 2、3 萬	25 歲男 2、3 萬、女 3、4 萬	25~30 歲近萬元
男到 50 歲、女到 60 歲會上萬；65 歲男 3 萬多、女近 2 萬；75 歲男高達 7 萬多、女 4 萬多	男 45、女 50 歲之後才會上萬，55 歲才開始投保還 2 萬有找	60 歲 4 萬左右，再老就不易買到了	45 歲男 3~5 萬，女高達 6 萬	45 歲至少 4、5 萬；55 歲後可能高達十幾萬；65 歲後，二、三十萬也很常見
失能就賠、不一定要罹患特定傷病或達長照態		唯一保障自然老化造成失能失智的險種；不一定要殘廢失能或罹病	罹患特定傷病就理賠，不需符合長照態或殘廢失能
一定要殘廢失能方理賠；多有上限		殘廢失能、罹病不一定賠，須符合長照態才賠；需定期提供巴氏量表等；多有上限	除保單列舉的特定傷病之外都不保；多有上限
體家職風險高、買到失能險上限 500 萬還不夠的人要買；1 年期附約非常便宜，除了臨時補強外，年輕人應買，但 65 歲後就不宜；若要保障 65 歲前的重擔期 20 年，除了 1 年期之外，也可直接買 20 年的定期險；終身型的最好在 45 歲前投保，65 歲前繳費完畢		消耗終身型；愈早買愈好，最好在 45 歲前投保，65 歲前繳費完畢	體家職風險很高則一次給付的重疾/特傷險和分期給付的類長照-特傷險，也許都該買，預算緊則擇一；傷病項目非愈多愈好，應視體家職風險，選擇最接近體況的保單；1 年期適臨時補強，40 歲後就太貴；20 年定期險可保障 40~60 歲的重擔期；終身型最好在 45 歲前投保，65 歲前繳費完畢
已經買失能險後，體家職風險低者不一定要買		保 / 還本終身型	保 / 還本終身型

附錄二

「穩健投資四法」的更多例子

本附錄呈現十三個穩健投資四法的例子，準備時間每 3 年一個表，從 3、6、9、12、……一直到 39 年；存錢目標則有 100 萬、500 萬或 1,000 萬。你要注意的是表中穩健投資四法（一）（二）（三）（四）各法之「期初投入金額」（淺底色部分），看看你是否負擔得起。

要提醒一下，（三）（四）之「期初投入金額」會隨著你投資錢和儲蓄險要各做幾年而有許多不同的組合。

進行規劃時，可從這些例子，挑選跟你情況相近者，當做起點。你的金額若跟表中數字不同，只要按比例乘除即可。計算假設如下：

定時定額：查《表 3-1》。

心安單筆：查《表 3-2》。

理財險是用一次領的類定存儲蓄險，假設 IRR 為 3% 去計算本利和（實務上你不必算，不管你買的是什麼類型的儲蓄險，保險顧問都會提供一張表，查表便可知第幾年解約出場可領多少本利和）。另外，你當然也可以用較保守穩健的變額年金。

表中（三 -1）先定時定額再儲蓄險的計算，是假設轉進儲蓄險後，定時定額就停止了。如果你轉進後仍持續做，可再查《表 3-1》計算，再加進最後的本利和之中。

《附錄二 - 表 1 穩健投資四法之例 -3 年存至少 100 萬》

目標			準備 3 年、存至少 100 萬			
穩健投資四法		(一)、(二):只做投資錢		(三):用儲蓄險保全投資錢的戰果		(四):用儲蓄險打地基、投資錢起高樓	
		(一) 定時定額	(二) 心安單筆	(三-1) 先定時定額 再儲蓄險	(三-2) 先心安單筆 再儲蓄險	(四-1) 定時定額 + 儲蓄險	(四-2) 心安單筆 + 儲蓄險
				以上的儲蓄險均假設 IRR=3%、躉繳後再一次領			
投資錢	期初投入金額	每月 2.5 萬元	84 萬元	不適用,因儲蓄險 6 年內解約領錢,多半會虧損		不適用,因儲蓄險 6 年內解約領錢,多半會虧損	
	期末本利和	做 3 年約有 100~125 萬	做 3 年約有 100~109 萬				
儲蓄險	期初投入金額	~	~				
	期末本利和	~	~				
合計		100~125 萬	100~109 萬				
計算說明	投資錢	查表,每月 1 萬,第 3 年底 40~50 萬 2.5*40=100; 2.5*50=125	查表,投入 10 萬,第 3 年底 12~13 萬 84/10*12=100; 84/10*13=109	~		~	
	儲蓄險	~	~				

《附錄二 - 表 2 穩健投資四法之例 -6 年存至少 100 萬》

目標		準備 6 年、存至少 100 萬					
穩健投資四法		（一）、（二）：只做投資錢		（三）：用儲蓄險保全投資錢的戰果		（四）：用儲蓄險打地基、投資錢起高樓（儘量期末的投資錢：儲蓄險≒1：1）	
		（一）定時定額	（二）心安單筆	（三 -1）先定時定額再儲蓄險	（三 -2）先心安單筆再儲蓄險	（四 -1）定時定額＋儲蓄險	（四 -2）心安單筆＋儲蓄險
				以上的儲蓄險均假設 IRR=3%、躉繳後再一次領			
投資錢	期初投入金額	每月 1.2 萬元	77 萬元	不適用。因儲蓄險 6 年內解約領錢，多半會虧損，故至少應放 6 年；因此，本例並無足夠的前置時間可做定時定額或心安單筆		每月 6 千元	40 萬元
	期末本利和	做 6 年約有 108~132 萬	做 6 年約有 100~130 萬			做 6 年約有 54~66 萬	做 6 年約有 53~68 萬
儲蓄險	期初投入金額	~	~			同時躉繳儲蓄險 40 萬	
	期末本利和	~	~			放 6 年可達 48 萬	
合計		108~132 萬	100~130 萬			102~114 萬	101~116 萬
計算說明	投資錢	查表，每月 1 萬，第 6 年底 90~110 萬 1.2*90=108；1.2*110=132	查表，投入 10 萬，第 6 年底 13~17 萬 77/10*13=100；77/10*17=130	~		查表，每月 1 萬，第 6 年底 90~110 萬 0.6*90=54；0.6*110=66	查表，投入 40 萬，第 6 年底 53~68 萬
	儲蓄險 *	~	~			6 年成長到 1.19 倍：40*1.19=48	

註：躉繳後再一次領，且中間不領小錢；IRR3% 的話，N 年後會成長到 (1.03 的 N 次方) 倍；譬如 6 年後，就成長到 (1.03 的 6 次方)=1.19 倍

　　實務上，不必用 IRR 計算。不管躉繳或分期繳、有沒有先領小錢，保險公司都會提供圖表說明，第幾年解約或身故出場可拿多少錢

《附錄二 - 表3 穩健投資四法之例 -9 年存至少 500 萬》

目標	準備 9 年、存至少 500 萬					
穩健投資四法	（一）、（二）：只做投資錢		（三）：用儲蓄險保全投資錢的戰果		（四）：用儲蓄險打地基、投資錢起高樓 (儘量期末的投資錢：儲蓄險≒ 1：1)	
	（一）定時定額	（二）心安單筆	（三 -1）先定時定額再儲蓄險	（三 -2）先心安單筆再儲蓄險	（四 -1）定時定額＋儲蓄險	（四 -2）心安單筆＋儲蓄險
			以上的儲蓄險均假設 IRR=3%、躉繳後再一次領			
投資錢 · 期初投入金額	每月 3.5 萬元	334 萬元	不建議。因儲蓄險 6 年內解約領錢，多半會虧損，故至少應放 6 年；這樣的話，則定時定額或心安單筆就只能做 3 年，把握度沒那麼高		每月 1.7 萬元	160 萬元
投資錢 · 期末本利和	做 9 年約有 507~665 萬	做 9 年約有 501~734 萬			做 9 年約有 246~323 萬	做 9 年約有 240~352 萬
儲蓄險 · 期初投入金額	~	~			同時躉繳儲蓄險 200 萬	
儲蓄險 · 期末本利和	~	~			放 9 年可達 260 萬	
合計	507~665 萬	501~734 萬			506~583 萬	500~612 萬
計算說明 · 投資錢	查表，每月 1 萬，第 9 年底 145~190 萬 3.5*145=507；3.5*190=665	查表，投入 10 萬，第 9 年底 15~22 萬 334/10*15=501；334/10*22=734	~		查表，每月 1 萬，第 9 年底 145~190 萬 1.7*145=246；1.7*190=323	查表，投入 10 萬，第 9 年底 15~22 萬 160/10*15=240；160/10*22=352
計算說明 · 儲蓄險 *	~	~			9 年成長到 1.30 倍：200*1.30=260	

註：躉繳後再一次領，且中間不領小錢；IRR3% 的話，N 年後會成長到（1.03 的 N 次方）倍；譬如 9 年後，就成長到（1.03 的 9 次方）=1.30 倍

　　實務上，不必用 IRR 計算。不管躉繳或分期繳、有沒有先領小錢，保險公司都會提供圖表說明，第幾年解約或身故出場可拿多少錢

《附錄二 - 表 4 穩健投資四法之例 -12 年存至少 500 萬》

目標		準備 12 年、存至少 500 萬				
穩健投資四法		（一）、（二）：只做投資錢		（三）：用儲蓄險保全投資錢的戰果		（四）：用儲蓄險打地基、投資錢起高樓（儘量期末的投資錢：儲蓄險≒2：1）
		（一）定時定額	（二）心安單筆	（三 -1）先定時定額再儲蓄險	（三 -2）先心安單筆再儲蓄險	（四 -1）定時定額 + 儲蓄險	（四 -2）心安單筆 + 儲蓄險
				以上的儲蓄險均假設 IRR=3%、躉繳後再一次領			
投資錢	期初投入金額	每月 2.5 萬	295 萬元	每月 4.7 萬元	324 萬元	每月 1.7 萬元	200 萬元
	期末本利和	做 12 年約有 512~725 萬	做 12 年約有 501~855 萬	做 6 年約有 423~517 萬	做 6 年約有 421~550 萬	做 12 年約有 348~493 萬	做 12 年約有 350~570 萬
儲蓄險	期初投入金額	~	~	第 7 年初，將定時定額之本利和躉繳買儲蓄險	第 7 年初，將心安單筆之本利和躉繳買儲蓄險	同時躉繳儲蓄險 110 萬	
	期末本利和	~	~	放 6 年可達 503~615 萬	放 6 年可達 500~654 萬	放 12 年可達 156 萬	
合計		512~725 萬	501~855 萬	503~615 萬	500~654 萬	504~649 萬	501~744 萬
計算說明	投資錢	查表，每月 1 萬，第 12 年底 205~290 萬 2.5*205=512； 2.5*290=725	查表，投入 10 萬，第 12 年底 17~29 萬 295/10*17=501； 295/10*29=855	查表，每月 1 萬，第 6 年底 90~110 萬 4.7*90=423； 4.7*110=517	查表，投入 10 萬，第 6 年底 13~17 萬 324/10*13=421； 324/10*17=550	查表，每月 1 萬，第 12 年底 205~290 萬 1.7*205=348； 1.7*290=493	查表，投入 20 萬，第 12 年底 35~57 萬 200/20*35=350； 200/20*57=570
	儲蓄險 *	~	~	6 年成長到 1.19 倍 423*1.19=503； 517*1.19=615	6 年成長到 1.19 倍 421*1.19=500； 550*1.19=654	12 年成長到 1.42 倍：110*1.42=156	

註：躉繳後再一次領，且中間不領小錢；IRR3% 的話，N 年後會成長到（1.03 的 N 次方）倍；譬如 12 年後，就成長到（1.03 的 12 次方）=1.42 倍

實務上，不必用 IRR 計算。不管躉繳或分期繳、有沒有先領小錢，保險公司都會提供圖表說明，第幾年解約或身故出場可拿多少錢

《附錄二 - 表 5 穩健投資四法之例 -15 年存至少 500 萬》

目標		準備 15 年、存至少 500 萬					
穩健投資四法		(一)、(二)：只做投資錢		(三)：用儲蓄險保全投資錢的戰果		(四)：用儲蓄險打地基、投資錢起高樓 (儘量期末的投資錢：儲蓄險≒2：1)	
		(一)定時定額	(二)心安單筆	(三 -1)先定時定額再儲蓄險	(三 -2)先心安單筆再儲蓄險	(四 -1)定時定額＋儲蓄險	(四 -2)心安單筆＋儲蓄險
				以上的儲蓄險均假設 IRR=3%、躉繳後再一次領			
投資錢	期初投入金額	每月1.9 萬元	250 萬元	每月 2.9 萬元	280 萬元	每月1.3 萬元	173 萬元
	期末本利和	做 15 年約有522~798 萬	做 15 年約有500~925 萬	做 9 年約有420~551 萬	做 9 年約有420~616 萬	做 15 年約有357~546 萬	做 15 年約有346~640 萬
儲蓄險	期初投入金額	~	~	第 10 年初，將定時定額之本利和躉繳買儲蓄險	第 10 年初，將心安單筆之本利和躉繳買儲蓄險	同時躉繳儲蓄險 100 萬	
	期末本利和	~	~	放 6 年可達500~655 萬	放 6 年可達500~733 萬	放 15 年可達 155 萬	
合計		522~798 萬	500~925 萬	500~655 萬	500~733 萬	512~701 萬	501~795 萬
計算說明	投資錢	查表，每月 1 萬，第 15 年底 275~420 萬1.9*275=522；1.9*420=798	查表，投入10 萬，第 15 年底 20~37 萬250/10*20=500；250/10*37=925	查表，每月1 萬，第 9 年底 145~190 萬2.9*145=420；2.9*190=551	查表，投入10 萬，第 9 年底 15~22 萬280/10*15=420；280/10*22=616	查表，每月 1 萬，第 15 年底 275~420 萬1.3*275=357；1.3*420=546	查表，投入 10 萬，第 15 年底 20~37 萬173/10*20=346；173/10*37=640
	儲蓄險*	~	~	6 年成長到 1.19 倍420*1.19=500；551*1.19=655	6 年成長到 1.19 倍420*1.19=500；616*1.19=733	15 年成長到 1.55 倍：100*1.55=155	

註：躉繳後再一次領，且中間不領小錢；IRR3% 的話，N 年後會成長到（1.03 的 N 次方）倍；譬如 15 年後，就成長到（1.03 的 15 次方）=1.55 倍

實務上，不必用 IRR 計算。不管躉繳或分期繳、有沒有先領小錢，保險公司都會提供圖表說明，第幾年解約或身故出場可拿多少錢

《附錄二 - 表 6 穩健投資四法之例 -18 年存至少 500 萬》

目標		準備 18 年、存至少 500 萬					
穩健投資四法		（一）、（二）：只做投資錢		（三）：用儲蓄險保全投資錢的戰果		（四）：用儲蓄險打地基、投資錢起高樓（儘量期末的投資錢：儲蓄險≒2 或 3：1）	
		（一）定時定額	（二）心安單筆	（三-1）先定時定額再儲蓄險	（三-2）先心安單筆再儲蓄險	（四-1）定時定額＋儲蓄險	（四-2）心安單筆＋儲蓄險
				以上的儲蓄險均假設 IRR=3%、躉繳後再一次領			
投資錢	期初投入金額	每月1.5 萬元	220 萬元	每月2.1 萬元	253 萬元	每月1 萬元	148 萬元
	期末本利和	做 18 年約有532~885 萬	做 18 年約506~1,056 萬	做 12 年約有430~609 萬	做 12 年約有430~733 萬	做 18 年約有355~590 萬	做 18 年約340~710 萬
儲蓄險	期初投入金額	~	~	第 13 年初，將定時定額之本利和躉繳買儲蓄險	第 13 年初，將心安單筆之本利和躉繳買儲蓄險	同時躉繳儲蓄險 95 萬	
	期末本利和	~	~	放 6 年可達511~724 萬	放 6 年可達511~872 萬	放 18 年可達 161 萬	
合計		532~885 萬	506~1,056 萬	511~724 萬	511~872 萬	516~751 萬	501~871 萬
計算說明	投資錢	查表，每月 1 萬，第 18 年底約 355~590 萬1.5*355=532；1.5*590=885	查表，投入 10 萬，第 18 年底 23~48 萬220/10*23=506；220/10*48=1,056	查表，每月 1 萬，第 12 年底 205~290 萬2.1*205=430；2.1*290=609	查表，投入 10 萬，第 12 年底 17~29 萬253/10*17=430；253/10*29=733	查表，每月 1 萬，第 18 年底約 355~590 萬	查表，投入 10 萬，第 18 年底 23~48 萬148/10*23=340；148/10*48=710
	儲蓄險*	~	~	6 年成長到 1.19 倍430*1.19=511；609*1.19=724	6 年成長到 1.19 倍430*1.19=511；733*1.19=872	18 年成長到 1.70 倍：95*1.70=161	

註：躉繳後再一次領，且中間不領小錢；IRR3% 的話，N 年後會成長到（1.03 的 N 次方）倍；譬如 18 年後，就成長到（1.03 的 18 次方）=1.70 倍

實務上，不必用 IRR 計算。不管躉繳或分期繳、有沒有先領小錢，保險公司都會提供圖表說明，第幾年解約或身故出場可拿多少錢．

《附錄二 - 表 7 穩健投資四法之例 -21 年存至少 500 萬》

目標		準備 21 年、存至少 500 萬					
穩健投資四法		（一）、（二）：只做投資錢		（三）：用儲蓄險保全投資錢的戰果		（四）：用儲蓄險打地基、投資錢起高樓 (儘量期末的投資錢：儲蓄險≒ 2 或 3：1)	
		（一）定時定額	（二）心安單筆	（三 -1)先定時定額再儲蓄險	（三 -2)先心安單筆再儲蓄險	（四 -1)定時定額＋儲蓄險	（四 -2)心安單筆＋儲蓄險
				以上的儲蓄險均假設 IRR=3%、躉繳後再一次領			
投資錢	期初投入金額	每月1.2 萬元	186 萬元	每月1.6 萬元	215 萬元	每月 8 千元	125 萬元
	期末本利和	做 21 年約有540~972 萬	做 21 年約有502~1,171 萬	做 15 年約有440~672 萬	做 15 年約有430~795 萬	做 21 年約有360~648 萬	做 21 年約有337~787 萬
儲蓄險	期初投入金額	~	~	第 16 年初，將定時定額之本利和躉繳買儲蓄險	第 16 年初，將心安單筆之本利和躉繳買儲蓄險	同時躉繳儲蓄險 90 萬	
	期末本利和	~	~	放 6 年可達523~800 萬	放 6 年可達511~946 萬	放 21 年可達 167 萬	
合計		540~972 萬	502~1,171 萬	523~800 萬	511~946 萬	527~815 萬	504~954 萬
計算說明	投資錢	查表，每月 1 萬，21 年底約450~810 萬1.2*450=540；1.2*810=972	查表，投入10 萬，第 21年底 27~63 萬186/10*27=502；186/10*63=1,171	查表，每月 1萬，第 15 年底 275~420 萬1.6*275=440；1.6*420=672	查表，投入10 萬，第 15年底 20~37 萬215/10*20=430；215/10*37=795	查表，每月 1萬，第 21 年底約 450~810 萬0.8*450=360；0.8*810=648	查表，投入10 萬，第 21年底 27~63 萬125/10*27=337；125/10*63=787
	儲蓄險*	~	~	6 年成長到 1.19 倍440*1.19=523；672*1.19=800	6 年成長到 1.19 倍430*1.19=511；795*1.19=946	21 年成長到 1.86 倍：90*1.86=167	

註：躉繳後再一次領，且中間不領小錢；IRR3% 的話，N 年後會成長到（1.03 的 N 次方）倍；譬如 21 年後，就成長到（1.03 的 21 次方）=1.86 倍

實務上，不必用 IRR 計算。不管躉繳或分期繳、有沒有先領小錢，保險公司都會提供圖表說明，第幾年解約或身故出場可拿多少錢

《附錄二 - 表 8 穩健投資四法之例 -24 年存至少 500 萬》

目標		準備 24 年、存至少 500 萬					
穩健投資四法		（一）、（二）：只做投資錢		（三）：用儲蓄險保全投資錢的戰果		（四）：用儲蓄險打地基、投資錢起高樓 (儘量期末的投資險≒儲蓄險≒2 或 3：1)	
		（一）定時定額	（二）心安單筆	（三 -1)先定時定額再儲蓄險	（三 -2)先心安單筆再儲蓄險	（四 -1)定時定額＋儲蓄險	（四 -2)心安單筆＋儲蓄險
				以上的儲蓄險均假設 IRR=3%、躉繳後再一次領			
投資錢	期初投入金額	每月 9 千元	162 萬元	每月 1.4 萬元	193 萬元	每月 6 千元	110 萬元
	期末本利和	做 24 年約有 504~990 萬	做 24 年約有 502~1,328 萬	做 15 年約有 385~588 萬	做 15 年約有 386~714 萬	做 24 年約有 336~660 萬	做 24 年約有 341~902 萬
儲蓄險	期初投入金額	~	~	第 16 年初，將定時定額之本利和躉繳買儲蓄險	第 16 年初，將心安單筆之本利和躉繳買儲蓄險	同時躉繳儲蓄險 85 萬	
	期末本利和	~	~	放 9 年可達 500~764 萬	放 9 年可達 501~928 萬	放 24 年可達 172 萬	
	合計	504~990 萬	502~1,328 萬	500~764 萬	501~928 萬	508~832 萬	513~1,074 萬
計算說明	投資錢	查表，每月 1 萬，24 年底約 560~1,100 萬 0.9*560=504；0.9*1,100=990	查表，投入 10 萬，第 24 年底 31~82 萬 162/10*31=502；162/10*82=1,328	查表，每月 1 萬，第 15 年底 275~420 萬 1.4*275=385；1.4*420=588	查表，投入 10 萬，第 15 年底 20~37 萬 193/10*20=386；193/10*37=714	查表，每月 1 萬，第 24 年底約 560~1,100 萬 0.6*560=336；0.6*1,100=660	查表，投入 10 萬，第 24 年底 31~82 萬 110/10*31=341；110/10*82=902
	儲蓄險 *	~	~	9 年成長到 1.30 倍；385*1.30=500；588*1.30=764	9 年成長到 1.30 倍；386*1.30=501；714*1.30=928	24 年成長到 2.03 倍：85*2.03=172	

註：躉繳後再一次領，且中間不領小錢；IRR3% 的話，N 年後會成長到 (1.03 的 N 次方) 倍；譬如 24 年後，就成長到 (1.03 的 24 次方)=2.03 倍

實務上，不必用 IRR 計算。不管躉繳或分期繳、有沒有先領小錢，保險公司都會提供圖表說明，第幾年解約或身故出場可拿多少錢

《附錄二 - 表 9 穩健投資四法之例 -27 年存至少 500 萬》

目標		準備 27 年、存至少 500 萬					
穩健投資四法		(一)、(二)：只做投資錢		(三)：用儲蓄險保全投資錢的戰果		(四)：用儲蓄險打地基、投資錢起高樓 (儘量期末的投資錢：儲蓄險≒2 或 3：1)	
		(一) 定時定額	(二) 心安單筆	(三-1) 先定時定額 再儲蓄險	(三-2) 先心安單筆 再儲蓄險	(四-1) 定時定額 + 儲蓄險	(四-2) 心安單筆 + 儲蓄險
				以上的儲蓄險均假設 IRR=3%、躉繳後再一次領			
投資錢	期初投入金額	每月 8 千元	143 萬元	每月 1.1 萬元	168 萬元	每月 5 千元	96 萬元
	期末本利和	做 27 年約有 548~1,184 萬	做 27 年約有 500~1,515 萬	做 18 年約有 390~649 萬	做 18 年約有 386~806 萬	做 27 年約有 342~740 萬	做 27 年約有 336~1,017 萬
儲蓄險	期初投入金額	~	~	第 19 年初，將定時定額之本利和躉繳買儲蓄險	第 19 年初，將心安單筆之本利和躉繳買儲蓄險	同時躉繳儲蓄險 75 萬	
	期末本利和	~	~	放 9 年可達 507~843 萬	放 9 年可達 501~1,047 萬	放 27 年可達 166 萬	
合計		548~1,184 萬	500~1,515 萬	507~843 萬	501~1,047 萬	508~906 萬	502~1,183 萬
計算說明	投資錢	查表，每月 1 萬，27 年底約 685~1,480 萬 0.8*685=548；0.8*1,480=1,184	查表，投入 10 萬，第 27 年底 35~106 萬 143/10*35=500；143/10*106=1,515	查表，每月 1 萬，第 18 年底 355~590 萬 1.1*355=390；1.1*590=649	查表，投入 10 萬，第 18 年底 23~48 萬 168/10*23=386；168/10*48=806	查表，每月 1 萬，第 27 年底約 685~1,480 萬 0.5*685=342；0.5*1,480=740	查表，投入 10 萬，第 27 年底 35~106 萬 96/10*35=336；96/10*106=1,017
	儲蓄險 *	~	~	9 年成長到 1.30 倍；390*1.30=507；649*1.30=843	9 年成長到 1.30 倍；386*1.30=501；806*1.30=1,047	27 年成長到 2.22 倍：75*2.22=166	

註：躉繳後再一次領，且中間不領小錢；IRR3% 的話，N 年後會成長到 (1.03 的 N 次方) 倍；譬如 27 年後，就成長到 (1.03 的 27 次方)=2.22 倍

　　實務上，不必用 IRR 計算。不管躉繳或分期繳、有沒有先領小錢，保險公司都會提供圖表說明，第幾年解約或身故出場可拿多少錢

《附錄二 - 表 10 穩健投資四法之例 -30 年存至少 1,000 萬》

目標		準備 30 年、存至少 1,000 萬					
穩健投資四法		(一)、(二)：只做投資錢		(三)：用儲蓄險保全投資錢的戰果		(四)：用儲蓄險打地基、投資錢起高樓 (儘量期末的投資錢：儲蓄險≒2 或 3：1)	
		(一) 定時定額	(二) 心安單筆	(三 -1) 先定時定額再儲蓄險	(三 -2) 先心安單筆再儲蓄險	(四 -1) 定時定額 + 儲蓄險	(四 -2) 心安單筆 + 儲蓄險
				以上的儲蓄險均假設 IRR=3%、躉繳後再一次領			
投資錢	期初投入金額	每月 1.3 萬元	250 萬元	每月 2 萬元	310 萬元	每月 8 千元	166 萬元
	期末本利和	做 30 年約有 1,079~2,574 萬	做 30 年約有 1,000~3,450 萬	做 18 年約有 710~1,180 萬	做 18 年約有 713~1,488 萬	做 30 年約有 664~1,584 萬	做 30 年約有 664~2,290 萬
儲蓄險	期初投入金額	~	~	第 19 年初，將定時定額之本利和躉繳買儲蓄險	第 19 年初，將心安單筆之本利和躉繳買儲蓄險	同時躉繳儲蓄險 140 萬	
	期末本利和	~	~	放 12 年可達 1,008~1,675 萬	放 12 年可達 1,012~2,112 萬	放 30 年可達 338 萬	
合計		1,079~2,574 萬	1,000~3,450 萬	1,008~1,675 萬	1,012~2,112 萬	1,002~1,922 萬	1,002~2,628 萬
計算說明	投資錢	查表，每月 1 萬，第 30 年底 830~1,980 萬 1.3*830=1,079；1.3*1,980=2,574	查表，投入 10 萬，第 30 年底 40~138 萬 250/10*40=1,000；250/10*138=3,450	查表，每月 1 萬，18 年底約 355~590 萬 2*355=710；2*590=1,180	查表，投入 10 萬，第 18 年底 23~48 萬 310/10*23=713；310/10*48=1,488	查表，每月 1 萬，第 30 年底 830~1,980 萬 0.8*830=664；0.8*1,980=1,584	查表，投入 10 萬，第 30 年底 40~138 萬 166/10*40=664；166/10*138=2,290
	儲蓄險 *	~	~	12 年成長到 1.42 倍 710*1.42=1,008；1,180*1.42=1,675	12 年成長到 1.42 倍 713*1.42=1,012；1,488*1.42=2,112	30 年成長到 2.42 倍：140*2.42=338	

註：躉繳後再一次領，且中間不領小錢；IRR3% 的話，N 年後會成長到 (1.03 的 N 次方) 倍；譬如 30 年後，就成長到 (1.03 的 30 次方)=2.42 倍

實務上，不必用 IRR 計算。不管躉繳或分期繳、有沒有先領小錢，保險公司都會提供圖表說明，第幾年解約或身故出場可拿多少錢

《附錄二 - 表 11 穩健投資四法之例 -33 年存至少 1,000 萬》

目標		準備 33 年、存至少 1,000 萬					
穩健投資四法		（一）、（二）：只做投資錢		（三）：用儲蓄險保全投資錢的戰果		（四）：用儲蓄險打地基、投資錢起高樓 (儘量期末的投資錢：儲蓄險≒ 2 或 3：1)	
		（一）定時定額	（二）心安單筆	（三 -1）先定時定額再儲蓄險	（三 -2）先心安單筆再儲蓄險	（四 -1）定時定額+ 儲蓄險	（四 -2）心安單筆+ 儲蓄險
				以上的儲蓄險均假設 IRR=3%、躉繳後再一次領			
投資錢	期初投入金額	每月 1.1 萬元	213 萬元	每月 1.6 萬元	263 萬元	每月 7 千元	143 萬元
	期末本利和	做 33 年約有 1,094~2,893 萬	做 33 年約有 1,001~3,812 萬	做 21 年約有 720~1,296 萬	做 21 年約有 710~1,656 萬	做 33 年約有 696~1,841 萬	做 33 年約有 672~2,559 萬
儲蓄險	期初投入金額	~	~	第 22 年初，將定時定額之本利和躉繳買儲蓄險	第 22 年初，將心安單筆之本利和躉繳買儲蓄險	同時躉繳儲蓄險 125 萬	
	期末本利和	~	~	放 12 年可達 1,022~1,840 萬	放 12 年可達 1,008~2,351 萬	放 33 年可達 331 萬	
合計		1,094~2,893 萬	1,001~3,812 萬	1,022~1,840 萬	1,008~2,351 萬	1,027~2,172 萬	1,003~2,890 萬
計算說明	投資錢	查表，每月 1 萬，33 年底 995~2,630 萬 1.1*995=1,094； 1.1*2,630=2,893	查表，投入 10 萬，第 33 年底 47~179 萬 213/10*47=1,001 213/10*179=3,812	查表，每月 1 萬，21 年底 約 450~810 萬 1.6*450=720； 1.6*810=1,296	查表，投入 10 萬，第 21 年底 27~63 萬 263/10*27=710； 263/10*63=1,656	查表，每月 1 萬，第33年底 995~2,630 萬 0.7*995=696； 0.7*2,630=1,841	查表，投入 10 萬，第 33 年底 47~179 萬 143/10*47=672 143/10*179=2,559
	儲蓄險*	~	~	12 年成長到 1.42 倍 720*1.42=1,022； 1,296*1.42=1,840	12 年成長到 1.42 倍 710*1.42=1,008； 1,656*1.42=2,351	33 年成長到 2.65 倍：125*2.65=331	

註：躉繳後再一次領，且中間不領小錢；IRR3% 的話，N 年後會成長到 (1.03 的 N 次方) 倍；譬如 33 年後，就成長到 (1.03 的 33 次方)=2.65 倍

　　實務上，不必用 IRR 計算。不管躉繳或分期繳、有沒有先領小錢，保險公司都會提供圖表說明，第幾年解約或身故出場可拿多少錢

《附錄二 - 表 12 穩健投資四法之例 -36 年存至少 1,000 萬》

目標						
			準備 36 年、存至少 1,000 萬			
穩健投資四法	（一）、（二）：只做投資錢		（三）：用儲蓄險保全投資錢的戰果		（四）：用儲蓄險打地基、投資錢起高樓（儘量期末的投資錢：儲蓄險≒2 或 3：1）	
	（一）定時定額	（二）心安單筆	（三 -1）先定時定額再儲蓄險	（三 -2）先心安單筆再儲蓄險	（四 -1）定時定額＋儲蓄險	（四 -2）心安單筆＋儲蓄險
			以上的儲蓄險均假設 IRR=3%、躉繳後再一次領			
投資錢 期初投入金額	每月 1 萬元	186 萬元	每月 1.3 萬元	228 萬元	每月 6 千元	132 萬元
投資錢 期末本利和	做 36 年約有 1,185~3,480 萬	做 36 年約有 1,004~4,333 萬	做 24 年約有 728~1,430 萬	做 24 年約有 706~1,869 萬	做 36 年約有 711~2,088 萬	做 36 年約有 712~3,075 萬
儲蓄險 期初投入金額	~	~	第 25 年初，將定時定額之本利和躉繳買儲蓄險	第 25 年初，將單心安單筆之本利和躉繳買儲蓄險	同時躉繳儲蓄險 100 萬	
儲蓄險 期末本利和	~	~	放 12 年可達 1,033~2,030 萬	放 12 年可達 1,002~2,653 萬	放 36 年可達 290 萬	
合計	1,185~3,480 萬	1,004~4,333 萬	1,033~2,030 萬	1,002~2,653 萬	1,001~2,378 萬	1,002~3,365 萬
計算說明 投資錢	查表，每月 1 萬，36 年底 1,185~3,480 萬	查表，投入 10 萬，第 36 年底 54~233 萬 186/10*54=1,004 165/10*233=4,333	查表，每月 1 萬，24 年底約 560~1,100 萬 1.3*560=728； 1.3*1,100=1,430	查表，投入 10 萬，第 24 年底 31~82 萬 228/10*31=706； 228/10*82=1,869	查表，每月 1 萬，第 36 年底 1,185~3,480 萬 0.6*1,185=711； 0.6*3,480=2,088	查表，投入 10 萬，第 36 年底 54~233 萬 132/10*54=712 132/10*233=3,075
計算說明 儲蓄險 *	~	~	12 年成長到 1.42 倍 728*1.42=1,033； 1,430*1.42=2,030	12 年成長到 1.42 倍 706*1.42=1,002； 1,869*1.42=2,653	36 年成長到 2.90 倍：100*2.90=290	

註：躉繳後再一次領，且中間不領小錢；IRR3% 的話，N 年後會成長到 (1.03 的 N 次方) 倍；譬如 36 年後，就成長到 (1.03 的 36 次方)=2.90 倍

實務上，不必用 IRR 計算。不管躉繳或分期繳、有沒有先領小錢，保險公司都會提供圖表說明，第幾年解約或身故出場可拿多少錢

《附錄二 - 表13 穩健投資四法之例 -39年存至少1,000萬》

目標	準備39年、存至少1,000萬					
穩健投資四法	(一)、(二):只做投資錢		(三):用儲蓄險保全投資錢的戰果		(四):用儲蓄險打地基、投資錢起高樓(儘量期末的投資錢:儲蓄險≒2或3:1)	
	(一) 定時定額	(二) 心安單筆	(三-1) 先定時定額再儲蓄險	(三-2) 先心安單筆再儲蓄險	(四-1) 定時定額+儲蓄險	(四-2) 心安單筆+儲蓄險
			以上的儲蓄險均假設 IRR=3%、躉繳後再一次領			
投資錢 期初投入金額	每月8千元	165萬元	每月1.2萬元	210萬元	每月5千元	115萬元
投資錢 期末本利和	做39年約有1,124~3,664萬	做39年約有1,023~5,000萬	做24年約有672~1,320萬	做24年約有651~1,722萬	做39年約有702~2,290萬	做39年約有713~3,484萬
儲蓄險 期初投入金額	~	~	第25年初,將定時定額之本利和躉繳買儲蓄險	第25年初,將心安單筆之本利和躉繳買儲蓄險	同時躉繳儲蓄險100萬	
儲蓄險 期末本利和	~	~	放15年可達1,041~2,046萬	放15年可達1,009~2,669萬	放39年可達316萬	
合計	1,124~3,664萬	1,023~5,000萬	1,041~2,046萬	1,009~2,669萬	1,018~2,606萬	1,029~3,800萬
計算說明 投資錢	查表,每月1萬,39年底1,405~4,580萬 0.8*1,405=1,124 0.8*4,580=3,664	查表,投入10萬,第39年底62~303萬 165/10*62=1,023 165/10*303=5,000	查表,每月1萬,24年底約560~1,100萬 1.2*560=672；1.2*1,100=1,320	查表,投入10萬,第24年底31~82萬 210/10*31=651；210/10*82=1,722	查表,每月1萬,第39年底約1,405~4,580萬 0.5*1,405=702；0.5*4,580=2,290	查表,投入10萬,第39年底62~303萬 115/10*62=713；115/10*303=3,484
計算說明 儲蓄險*	~	~	15年成長到1.55倍 672*1.55=1,041；1,320*1.55=2,046	15年成長到1.55倍 651*1.55=1,009；1,722*1.55=2,669	39年成長到3.16倍：100*3.16=316	

註:躉繳後再一次領,且中間不領小錢;IRR=3%的話,N年後會成長到(1.03的N次方)倍;譬如39年後,就成長到(1.03的39次方)=3.16倍

實務上,不必用 IRR 計算。不管躉繳或分期繳、有沒有先領小錢,保險公司都會提供圖表說明,第幾年解約或身故出場可拿多少錢

國家圖書館出版品預行編目（CIP）資料

心安理財：保險準，投資穩，一本讓你兼顧圓夢和救急的人生理財書 / 宋
炎本著 . -- 初版 . -- 臺北市：商周出版：家庭傳媒城邦分公司發行, 2019.11
　面；　公分
ISBN 978-986-477-760-0（平裝）

1. 理財 2. 投資 3. 成功法

563　　　　　　　　　　　　　　　　　　　　　　108018433

BW0727

心安理財

保險準，投資穩，一本讓你兼顧圓夢和救急的人生理財書

作　　　者／宋炎本
責 任 編 輯／李皓歆
企 劃 選 書／陳美靜
版　　　權／黃淑敏、翁靜如
行 銷 業 務／周佑潔

總　編　輯／陳美靜
總　經　理／彭之琬
事業群總經理／黃淑貞
發　行　人／何飛鵬
法 律 顧 問／台英國際商務法律事務所　羅明通律師
出　　　版／商周出版
　　　　　　臺北市 104 民生東路二段 141 號 9 樓
　　　　　　電話：(02) 2500-7008　傳真：(02) 2500-7759
　　　　　　E-mail: bwp.service@cite.com.tw
發　　　行／英屬蓋曼群島商家庭傳媒股份有限公司　城邦分公司
　　　　　　臺北市 104 民生東路二段 141 號 2 樓
　　　　　　讀者服務專線：0800-020-299　24 小時傳真服務：(02) 2517-0999
　　　　　　讀者服務信箱 E-mail: cs@cite.com.tw
　　　　　　劃撥帳號：19833503　戶名：英屬蓋曼群島商家庭傳媒股份有限公司城邦分公司
訂 購 服 務／書虫股份有限公司客服專線：(02) 2500-7718；2500-7719
　　　　　　服務時間：週一至週五上午 09:30-12:00；下午 13:30-17:00
　　　　　　24 小時傳真專線：(02) 2500-1990；2500-1991
　　　　　　劃撥帳號：19863813　戶名：書虫股份有限公司
香 港 發 行 所／城邦（香港）出版集團有限公司
　　　　　　香港灣仔駱克道 193 號東超商業中心 1 樓
　　　　　　E-mail: hkcite@biznetvigator.com
　　　　　　電話：(852) 25086231　傳真：(852) 25789337
　　　　　　E-mail hkcite@biznetvigator.com
馬 新 發 行 所／Cite (M) Sdn. Bhd.
　　　　　　41, Jalan Radin Anum, Bandar Baru Sri Petaling, 57000 Kuala Lumpur, Malaysia.
　　　　　　電話：(603) 9057-8822　傳真：(603) 9057-6622　E-mail: cite@cite.com.my

美 術 編 輯／劉翠蓉、簡至成
封 面 設 計／柳佳璋
製 版 印 刷／韋懋實業有限公司
經　　　銷　商／聯合發行股份有限公司　電話：(02) 2917-8022　傳真：(02) 2911-0053
　　　　　　地址：新北市 231 新店區寶橋路 235 巷 6 弄 6 號 2 樓

■2019 年 11 月 07 日初版 1 刷

Printed in Taiwan

ISBN: 978-986-477-760-0
定價 380 元

城邦讀書花園
www.cite.com.tw

著作權所有，翻印必究
缺頁或破損請寄回更換